本书受2016年国家自然科学基金项目"我国卫生总费用风险预警系统研究"（项目批准号：71673202）的资助

新时代社会保障机制研究 书系

中国社会医疗保险制度的
福利分配效应研究

Research on the welfare distributional effects of
China's social medical insurance system

马桂峰 著

西南财经大学出版社
Southwestern University of Finance & Economics Press

中国·成都

图书在版编目(CIP)数据

中国社会医疗保险制度的福利分配效应研究/马桂峰著.—成都:西南财经
大学出版社,2021.7
ISBN 978-7-5504-4910-7

Ⅰ.①中⋯　Ⅱ.①马⋯　Ⅲ.①医疗保险—保险制度—研究—中国
Ⅳ.①F842.684

中国版本图书馆 CIP 数据核字(2021)第 097246 号

中国社会医疗保险制度的福利分配效应研究

ZHONGGUO SHEHUI YILIAO BAOXIAN ZHIDU DE FULI FENPEI XIAOYING YANJIU

马桂峰　著

责任编辑:周晓琬
封面设计:何东琳设计工作室
责任印制:朱曼丽

出版发行	西南财经大学出版社(四川省成都市光华村街55号)
网　　址	http://cbs.swufe.edu.cn
电子邮件	bookcj@swufe.edu.cn
邮政编码	610074
电　　话	028-87353785
照　　排	四川胜翔数码印务设计有限公司
印　　刷	四川新财印务有限公司
成品尺寸	170mm×240mm
印　　张	12.5
字　　数	199 千字
版　　次	2021 年 7 月第 1 版
印　　次	2021 年 7 月第 1 次印刷
书　　号	ISBN 978-7-5504-4910-7
定　　价	78.00 元

前言

从城镇职工基本医疗保险制度改革，到新型农村合作医疗制度和城镇居民基本医疗保险制度的先后建立，再到现在后两者的逐步并轨运行，中国社会医疗保险制度在逐步发展中不断完善。社会医疗保险制度在增强国家社会福利责任、减轻参保者就医负担、促进经济发展、增强社会稳定等方面作用显著。截至 2019 年年底，中国职工医保参保人数为 3.29 亿人，城乡居民医保参保人数为 10.25 亿人，社会医疗保险制度共覆盖 13.54 亿人，占总人口的 96.74%。2018 年，社会医疗保险制度共筹集医疗保险基金 21 384.00 亿元，占中国当年国内生产总值（GDP）的 2.33%，人均支出医疗保险基金 4 722.76 元。

目前，社会医疗保险制度公平性研究多集中于医疗服务利用和医疗机构资源配置的公平性，而对职工医保、城乡居民医保（包括城镇居民医疗保险制度和新农合制度）在医保基金筹集、住院费用支付和医保基金补偿等环节的福利分配的公平性关注较少。对不同社会医疗保险种类、医保运行机制全流程和多维度的分析，有助于中国社会医疗保险现阶段的整合发展，有利于从参保者个体微观层面评价社会医疗保险福利分配的公平程度。

本研究以社会福利分配为切入点，采用福利再分配分析测量方法，结合中国社会医疗保险制度运行特点，利用西南财经大学中国家庭金融调查与研究中心 2015 年和 2017 年入户调查数据进行系统分析，从职工医保制度、新农合制度和居民医保制度三条主线，对医保基金筹集、住院费用支付和医保基金补偿三个环节进行福利分配公平性分析，探索社会医疗保险制度对社会福利进行分配的作用机制和运行机理，为中国社会医疗保险制度的发展和完善提供科学参考。本研究受 2016 年国家自然科学基金项目"我国卫生总费用风险预警系统研究"（项目批准号：71673202）的资助。

本研究通过理论梳理和实证研究，分析了中国社会医疗保险制度的福利分配公平性，探索了影响中国社会医疗保险福利分配的因素，提出了完善中国社会医疗保险福利分配制度的政策建议。具体研究目标包括：通过文献复盘和评阅，构建适合分析中国社会医疗保险制度福利再分配效应的理论框架；通过实证研究测算中国三类社会医疗保险制度在医保基金筹集、住院费用支付和医保基金补偿三个环节的福利再分配效应，以及在近期的变化情况；利用倾向得分匹配分析法分析社会医疗保险制度对家庭医疗支出和个人住院费用支出的影响机制与程度；利用分位数回归分析法分析个人的初始收入、年龄和身体状况对社会医疗保险补偿净福利分配的影响。

本研究以社会医疗保险制度对社会福利的分配效应为主要政策变量，围绕社会医疗保险制度的运行机制展开。通过梳理国内外文献，对社会医疗保险福利分配研究的方法、结果和结论进行汇总分析，为本研究提供理论和方法支持。在文献评阅和理论分析的基础上，提出本书的研究问题，再用福利经济学福利概念、社会福利函数、补偿原则和医疗保险福利效用等理论构建研究框架。

本研究的数据来源于西南财经大学中国家庭金融调查与研究中心 2015 年和 2017 年的全国范围内抽样调查获得的数据。该数据采用概率抽样调查，分阶段、按层次抽取中国 29 个省份的地级市、县、社区（村）和家庭。本研究申请并使用了中国家庭金融调查与研究中心公开的数据库，并对数据进行整理，选取职工医保的 12 683 个、新农合的 12 549 个、居民医保的 4 213 个个体样本和没有参加社会医保的 11 742 个个体样本进行研究。

利用 Stata 16 和 Excel 2016 软件进行数据库整理和数据分析、数据表达。利用基尼系数和马斯格雷夫－辛尼指数（Musgrave and Thin measure，简称"MT 指数"）测算医保基金筹集、住院费用支付和医保基金补偿环节的福利再分配效应，使用阿伦森等人提出的 AJL 分解模型对社会医疗保险制度运行各环节的福利再分配效应进行筹资累进性、垂直效应、水平效应和再排序效应等的分解分析。

使用倾向得分匹配分析法和分位数回归分析法对社会医疗保险制度福利分配效应进行影响因素研究。首先构建 7 个线性回归模型，对影响因素进行初步筛选；其次，用倾向得分匹配分析法对是否参加社会医疗保险的居民的家庭医疗支出和个人住院费用支出进行对比分析；最后，利用分位数回归分析法探索个人初始收入、年龄和身体状况等对医保基金住院补偿净福利的影响方向和程度。

（1）职工医保制度的福利再分配情况。中国职工医保 2015 年人均缴费率为 4.42%，2017 年为 2.08%。从各收入组缴费率来看，2017 年缴费率均低于 2015 年，特别是 2015 年低收入组的缴费率达到 12.91%，远高于 2017 年人均缴费率 4.42%。职工医保的参保者 2015 年初始收入的基尼系数为 0.392 7，2017 年为 0.414 4，医保基金筹集、住院费用支付和医保基金补偿后，基尼系数均有变化。

经对参加职工医保和没有职工医保的个体进行倾向得分匹配分析发现，参加职工医保个体的家庭医疗支出比没有参加职工医保个体的家庭医疗支出高出 3 211.70 元。从职工医保参保者医保基金补偿净福利影响因素来看，原始收入 q40 分位数之前影响有统计学意义，年龄影响总体均有统计学意义，41 岁之前随年龄增长呈逐渐降低趋势，44 岁以后随年龄增长呈逐渐升高趋势，总体呈"U"形态势分布。身体状况除去两端极值外，均具有统计学意义。

（2）新农合制度的福利再分配情况。从新农合制度具体运行情况来看，2015 年新农合住院人均补偿费用为 129.38 元，人均缴费额度为

102.40 元，补偿费用占缴费费用的 126.35%。有住院发生的新农合参保者的平均住院补偿费用为 3 352.38 元，有住院发生的参保者的新农合缴费均值为 105.58 元，补偿受益程度为 31.75 倍。对比有住院发生的参保者的住院平均费用 9 929.57 元，有效补偿比例为 33.76%。有住院发生的新农合参保者的人均住院实际负担为 6 577.19 元，有住院支出的参保者的人均收入为 22 444.41 元，有住院发生的参保人群的实际平均负担率为 25.21%。2015 年总体缴费率为 0.98%，2017 年总体缴费率为 1.42%。2015 年的总体改善率为 1.79%，2017 年的总体改善率为 0.60%，改善率和补偿率两年均随收入分组升高而降低。2015 年新农合参保者初始收入基尼系数为 0.388 9，2017 年为 0.390 1。

从倾向得分匹配分析可以看出，在控制了年龄、性别、户口类型和身体状况等因素的情况下，新农合参保者的住院费用支出比没有医疗保险人员高出 404.09 元。从分位数回归分析看出，新农合参保者的基金补偿净福利在个人初始收入、年龄和身体状况影响方面，变化规律不显著。

（3）居民医保制度的福利再分配情况。中国居民医保 2017 年的人均筹资额为 930.55 元，低收入组的医保缴费均值为 712.45 元，高收入组的医保缴费均值为 1 775.9 元。2017 年较 2015 年的各组人均缴费额度均呈增加态势。2015 年居民医保参保者的住院费用均值为 667.42 元，2017 年的均值为 800.67 元，组内人均住院费用从低收入组到高收入组呈现先减少后增加的趋势。参加居民医保人群 2015 年初始收入的基尼系数为 0.425 3，2017 年为 0.450 7。

居民医保制度的医保基金补偿净福利分位数回归分析的初始收入、年龄和身体状况变化没有显著规律。

国家、社会和个人利用有效的资金筹集方式，通过社会医疗保险制度实现社会福利的有效再分配。社会医疗保险制度的福利再分配通过医保基金筹集、住院费用支付和医保基金补偿等环节完成，一方面能够实现政府财政补助有效到达最需要的患病居民；另一方面在高收入者和低收入者、健康者和病患之间，实现社会福利再分配。从本研究的分析情况来看，中国三种基本社会医疗保险制度不同收入群组的医保基金筹集、住院费用支付和医保基金补偿环节福利再分配均呈累退性，并且2017年较2015年的累退性在加重。这也说明虽然中国的社会医疗保险已基本覆盖全民，但对于低收入群体来说，一方面医保筹资加重了他们的经济负担，另一方面他们的筹资还为高收入参保者提供了额外的补助，这与社会医疗保险应有的累进性原则是相悖的。

从是否为三类社会医疗保险参保者的家庭医疗支出和住院医疗支出差异对比来看，参加社会医疗保险的个人和家庭医疗费用支出要高于没有参加社会医疗保险的个人和家庭。中国社会医疗保险制度，使参保者能够将未来不确定的医疗服务消费变成确定性的医疗保险补偿支付，有效保障了参保家庭的医疗服务支出和住院费用支出，说明中国社会医疗保险制度在一定程度上满足了家庭和个人的有效需求。

从个人初始收入对基金补偿净福利的分位数回归分析来看，低收入群体在三类社会医保中均有统计学意义，并且其影响呈负相关关系，这一结论与前面的再分配效应测量和再分配效应分解相一致。但随着收入分位数的提高，初始收入对基金补偿净福利的影响没有统计学意义。从年龄对基金补偿净福利的分位数回归分析来看，职工医保参保者的年龄对基金补偿净福利的影响随年龄先减少后增加，低点在41岁左右，但新农合和居民医保的参保者的年龄对基金补偿净福利基本没有影响。

中国社会医疗保险制度在实现社会福利再分配过程中起到了重要作用。本研究通过分析中国现行的社会医疗保险制度，发现其医保基金筹集、住院费用支付和医保基金补偿环节均存在累退性和福利逆向再分配的情况，建议社会医保政策制定者和医保基金管理者，尽快完善医保基金支付方式，加大医疗救助对低收入群体的扶持力度，通过对低收入人群减免住院门槛费、适当提高补偿比例和增加医疗救助额度等措施，提高低收入人群医疗服务利用的可及性，从而降低不同收入群体之间的不公平程度，有效提高社会医疗保险制度的公平性和正义性。

最后，本研究发现，城镇职工基本医疗保险制度是下一步中国社会医疗保险制度的演进目标。中国可以在已经基本完成的城乡居民医保制度"一制两档"的基础上，进一步整合职工医保制度，实行"一制三档"。并且随着中国经济发展水平的提高和国家治理能力的增强，再由"一制三档"向"一制两档""一制一档"演进，最终实现"三保合一"总目标，真正实现中国社会医疗保险制度的大融合，实现新时代中国全民医保制度下的社会福利公平分配，提高整个社会的福利总水平。

目　录

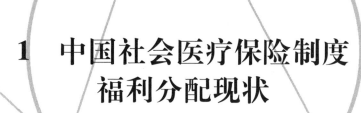

1 中国社会医疗保险制度福利分配现状

中国社会医疗保险制度自建立以来，随着经济的发展和社会的进步，其个人筹资能力和政府补助水平不断提高，保障能力逐渐增强。社会医疗保险制度作为一种社会再分配的有效手段也逐步得到改进。社会再分配的目的是增强社会的公平性，提高医疗服务的可及性和可得性，实现全社会的公平正义，使每个社会成员都能享受到社会发展的成果，分享更多的社会福利。在中国社会医疗保险制度的惠及人员基本普及、病种补偿范围不断扩大、费用补偿力度逐步提高的前提下，参保者的福利分配现状如何，成为政策制定者、管理者和研究者共同关注的焦点。本研究首先基于医疗保险福利效用模型，利用福利分配指数、福利再分配效应来源和影响因素分析，明确社会医疗保险对参保者的福利分配公平性的改善情况；然后对社会医疗保险的福利再分配公平性来源进行分解分析，明确中国社会医疗保险的再分配途径；最后以家庭医疗支出和个人住院费用为关键变量，分析社会医疗保险制度对参保者及其家庭医疗支出的影响程度，为中国社会医疗保险宏观发展提供科学参考。

本章将围绕本研究的研究主线阐述研究背景，在充分分析文献的基础上提出拟研究的科学问题；在此基础上，进一步阐述研究意义和研究目的，并简要介绍研究框架。

1.1 研究背景

1.1.1 社会医疗保险制度进展

中国现行的社会医疗保险制度是中国社会保障制度的核心组成部分，成为维护社会稳定、促进社会发展和巩固发展成果的关键制度。在中国，社会医疗保险制度包括城镇职工基本医疗保险制度（以下简称"职工医保制度"）、新型农村合作医疗制度（以下简称"新农合制度"）和城镇居民医疗保险制度（以下简称"居民医保制度"）。随着中国社会医疗保险制度的改革，部分地区已经将新农合制度与居民医保制度整合，并为城乡居民医保制度，但运行机制依然沿袭新农合制度的管理模式，因此，本研究仍然将新农合制度和居民医保制度作为两类独立的社会医疗保险制度进行福利分配分析，以期为整合后的城乡居民医保提供更加系统、全面的科学参考。

1.1.1.1 职工医保制度发展历程

职工医保制度作为中国三大社会医疗保险的主要组成部分，经历了起步、壮大、变革和发展等阶段。职工医保制度起步阶段的公费医疗制度和劳保医疗制度，对防病治病、保障职工身体健康和维护社会稳定都曾经发挥了重要作用。从 20 世纪 50 年代起，职工医疗保险制度开始实施。在 20 世纪 70 年代末，公费医疗制度和劳保医疗制度覆盖了全国 75% 的城镇职工和退休人员，享受公费医疗的人员有 2 300 万人，享受劳保医疗制度的人员达到 1.14 亿人。但随着市场经济体制改革的深入，劳保医疗制度和公费医疗制度赖以存在的经济基础逐步瓦解，同时，又因为"单位人"对人才流动和企业化管理的各项限制，部分地区开始试点社会医疗保险，使"单位人"向"社会人"过渡。1994 年 4 月，中华人民共和国经济体制改革委员会等四部门发布《关于职工医疗制度改革的试点意见》（体改分〔1994〕51 号），决定在江苏省镇江市、江西省九江市进行职工医疗保险制度改革试点，即"两江试点"。1998 年 12 月，在总结两江试点工作的基础上，《国务院关于建立城镇职工基本医疗保险制度的决定》（国发〔1998〕44 号）发布，标志着中国职工医保制度进入"低水平、广覆盖、共同负担、统账结合"的发展阶段。

现阶段中国的职工医保的缴纳方式以低水平的绝大多数用人单位和个人能承受的费用为准，一般是用人单位缴纳在职职工工资总额的 6% 左右，在职职工本人缴纳工资总额的 2% 左右。同时，职工医保制度覆盖了所有用人单位。国家通过法律形式强制推行社会医疗保险制度，有利于全社会的人才流动，促进了公平竞争，扩大了医疗保险基金的风险调剂范围，增强了职工医保基金的抗风险能力。职工医保基金采用"以收定支、收支平衡、略有结余"原则，医保基金筹资由职工与用人单位共同承担，退休职工无须缴费。职工个人缴纳的费用全部计入个人账户，用人单位缴纳的费用一部分用于建立医保统筹基金，一部分划入职工个人账户，两部分的比例由具体统筹区域自行规定。

职工医保基金实行"统账结合"模式，对个人账户和统筹基金的使用范围各地都有严格的规定。个人账户用于支付参保者的普通门诊费用、门诊大病费用和定点药店购药费用；统筹基金用于支付住院费用和门诊大病费用个人账户支付不足的部分。为有效抑制逆向选择和道德风险，职工医保统筹基金支付政策一般都设起付标准、最高支付限额和共付段支付比例等规定，来实现统筹地区医保基金的收支平衡，职工医保基金采用"现收现付制"原则来管理。起付标准一般设定在当地职工平均工资的 10% 左右，近些年各地逐步下调到在职职工工资的 3%~5%，最高支付限额为当地职工平均工资的 4 倍左右。

1.1.1.2　新农合制度发展历程

在新中国成立初期，中国农村地区的医疗卫生工作比较落后，严重影响了农村居民的身体健康和农业生产活动。当时国家主要致力于政权稳固和经济恢复，各级政府财力有限，对农村卫生服务体系建设采取由大到小、自上而下逐步推进的方式。20 世纪 50 年代初期，政府首先在乡镇设置卫生院，在村设置卫生所、卫生室等医疗卫生机构。在医疗保险制度建设方面，公费医疗制度和劳动保险制度覆盖了城镇地区的机关工作人员和企业职工，而农村地区的医疗保险制度仍然是空白（吴芳平，2014）。

20 世纪 50 年代，中国农村曾广泛实行合作医疗制度。当时的农村合作医疗制度以农村群众为对象，由村民自发组织，保障对象是发起区域内的农村居民。早期合作医疗制度采用群众自愿原则，以集体经济为基础，经费主要来源于生产队提留的集体公益金，一般是在年终生产队分红时，由集体组织预扣一部分资金作为群众个人缴纳的合作医疗费，其本质上是群众之间的互助共济。合作医疗制度服务内容广泛，不仅为农村居民提供一般的门诊和住院服务，而且承担儿童计划免疫、计划生育、地方病和传染病疫情监测等任务。合作医疗的参合覆盖范围小，资金筹集量有限，管理级别低，主要有村办村管、村办乡管、乡村联办等类型。

20 世纪 70 年代末，随着党的十一届三中全会的召开，农村家庭联产承包责任制在全国推广开来，集体所有制形式的生产大队逐步解体，农村集体经济逐渐瓦解，合作医疗丧失了赖以存在的经济基础。到 20 世纪 90 年代，传统的农村合作医疗制度在全国范围内已名存实亡。

在新的形势下，面对农村群众"看病难、看病贵"特别是"因病致贫、因病返贫"问题，亟须建立一种新型的农村医疗保险制度。2002 年 10 月，中共中央、国务院出台《关于进一步加强农村卫生工作的决定》（中发〔2002〕13 号），明确提出了"建立以大病统筹为主的新型农村合作医疗制度和医疗救助制度""到 2010 年，新型农村合作医疗制度要基本覆盖农村居民"的目标。这是中国历史上政府为解决农民基本医疗卫生问题而进行的一次重大的宏观规划，并且是首次由政府组织并大规模投入财政资金来建立和维持运行的农村医保制度。2003年，本着多方筹资、农民自愿参加的原则，新型农村合作医疗制度开始在全国不同省份进行试点，随后逐步在各省市推广开来，2008年基本实现了全国覆盖。

根据《2012年我国卫生和计划生育事业发展统计公报》，截至2012年年底，全国有2 566个县（市、区）开展了新型农村合作医疗，参合人口数达8.05亿人，参合率为98.3%。2012年，全国新农合筹资总额达2 484.7亿元，人均筹资308.5元；全国新农合基金支出2 408亿元，补偿支出受益17.45亿人次。

新农合制度由萌芽、发展到全面展开，最终合并成为城乡居民医保制度，其在发展过程中取得了显著成效，有效缓解了农村居民因病致贫、因病返贫的问题。总体而言，虽然仍存在农村居民参与积极性不高、报销比例偏低、报销制度不完善、新农合基金可持续性差等问题，但是新农合制度有效提高了农村居民的医疗保障水平，一定程度上缓解了农村地区在医疗服务上供求不足的矛盾，实现了农村居民社会福利的公平分配。

1.1.1.3　居民医保制度发展历程

居民医保制度是以大病统筹为主，针对城镇非就业居民实施的一项社会医疗保险制度。居民医保制度覆盖的人群为职工医保未覆盖的城镇人群，一般包括城镇居民中的老年人、儿童和劳动年龄范围内的困难人群。

2007年7月，《国务院关于开展城镇居民基本医疗保险试点的指导意见》（国发〔2007〕20号）出台，明确在全国部分地区开展城镇居民基本医疗保险试点工作。居民医保制度采取自愿原则，筹资水平与缴费能力根据当地经济发展、居民人群的基本医疗消费水平和政府财政承受能力确定。城镇居民筹资来源以家庭缴费为主，政府予以适当补助。城镇居民医保制度自建立以来，制度日益完善，保障覆盖面不断扩大，保障水平逐渐提高，居民医保制度基本实现了城镇居民在医疗保障方面的机会平等和过程公平。

2010年，居民医保制度参保者实际人均筹资水平为164元，其中成年人人均筹资203元，中小学生、儿童人均筹资134元，大学生人均筹资

127 元。政府补助资金由中央财政和和地方财政分担，财政补助由 2007 年的人均 20 元，增长到 2011 年的人均 200 元。近年来，我国医疗保险筹资水平有了很大的提升。以山东省为例，2019 年，山东省居民医保制度和新农合制度并轨运行后的居民医保筹资标准每人不低于 770 元，其中人均财政补助达到每人不低于 520 元，个人缴费 250 元。2020 年，山东省居民医保一档个人缴费平均在 260 元左右，二档个人缴费平均在 390 元左右，政府对每个参保者每年的补助都提高到 550 元。

居民医保制度不建立个人账户，只设置统筹基金，主要用于支付参保居民的住院费用、门诊大病费用和普通门诊慢病费用的补偿。随着筹资水平的提高，居民医保制度的补偿水平也在不断提高，已由制度初始建立的 50%，逐步提高到现在的 70%~80%。

1.1.1.4 城乡居民基本医疗保险制度整合

从中国社会医疗保险制度发展历程可以看出，三类医保制度分别针对不同人群来实施不同的医疗保障措施。随着中国经济发展的加速、社会进步的加快和城乡交流的加强，按照地域或职业对人群进行的分类逐渐模糊，在构建适度普惠型社会福利体制的促使下，中国三类社会医疗保险制度正在逐步整合和统一。

党的十九大报告中明确提出要统一中国社会医疗保险制度，增进民生福祉。2015 年 4 月 26 日，国务院办公厅印发《深化医药卫生体制改革 2014 年工作总结和 2015 年重点工作任务》（国办发〔2015〕34 号），要求国务院医改办、人力资源社会保障部、卫生计生委于 2015 年 11 月底前，研究制订整合城乡居民基本医疗保险管理体制改革方案和试点实施意见。2016 年，国务院出台《关于整合城乡居民基本医疗保险制度的意见》（国发〔2016〕3 号），要求整合城镇居民医保制度和新农合制度，统一覆盖范围、统一筹资政策、统一保障待遇、统一医保目录、统一定点管理、统一基金管理，逐步在全国范围内建立起统一的城乡居民医保制度。截至 2016 年 10 月，天津、上海、浙江等 20 个省（自治区、直辖市）对城乡居民医保并轨做出部署或已全面实现整合。2018 年，国家医疗保障局成立，统管全国的医疗保障事业，进一步推动了医保整合进程。2019 年，全国各省（自治区、直辖市）包括各地市，都成立了医疗保障局。这些进程的推进，极大地改善了中国社会医疗保险体制的运行组织机制，使管理更加流畅，组织更加有力，责任更加明确，广大参保居民的福祉利益得到更大程度的彰显。

中国社会医疗保险制度的逐步整合，增进了参保居民公平享有医疗服务的机会，提高了广大农村地区参保居民的福利水平。

1.1.1.5　中国社会医疗保险制度运行情况

社会医疗保险基金是构成中国卫生总费用的主要组成部分，卫生总费用来源于政府卫生支出、社会卫生支出和个人卫生支出三个部分。依据《2019 中国卫生健康统计年鉴》，中国卫生总费用从 2009 年的 17 541.92亿元，增加到 2018 年的 59 121.91 亿元，是 2009 年卫生总费用的 3.37 倍（不考虑物价增长因素）。2009 年的政府卫生支出为 4 816.26 亿元，在卫生总费用中的占比为 27.46%，到 2018 年政府卫生支出增加到 16 399.13亿元，占比为 27.74%，仅比 2009 年增加了 0.28%。社会卫生支出包括社会医疗保障支出、商业健康保险支出、社会办医支出、社会捐赠援助等。在 2009 年该支出有 6 154.49 亿元，到 2018 年增加到 25 810.78 亿元，是2009 年的 4.19 倍，远高于卫生总费用整体的增加倍数。

政府卫生支出包括医疗卫生服务支出、医疗保障支出、行政管理事务支出和人口与计划生育事务支出等。其中，用于医疗保障支出方面的政府卫生支出均投入到中国社会医疗保障中。2009 年政府卫生支出中的医疗保障支出为 2 001.51 亿元，2018 年增加到 7 795.57 亿元，是 2009 年的 3.89倍，也高于卫生总费用的增加倍数。2018 年职工医保制度参保人数为 3.17亿人，城乡居民医保制度参保人数为 8.97 亿人，新农合制度参保人数为1.3 亿人，共计 13.44 亿人，占中国总人口 13.95 亿人的 96.34%。2018 年职工医保筹资 13 538 亿元，支出 10 707 亿元；城乡居民医保筹资 6 971 亿元，支出 6 277 亿元；新农合筹资 875 亿元，支出 839 亿元。三类社会医疗保险共筹资 21 384 亿元，其中政府支付卫生支出中的医疗保障支出占到 36.46%。

从表 1-1 中可以看出，2018 年全国范围的职工医保人均筹资已达到4 270.66 元，人均支出为 3 377.60 元，医保基金年度使用率为 79.09%，城乡居民医保的使用率为 90.04%，新农合制度基金使用率为 95.89%。从

表 1-1 中不难发现，社会医疗保险制度累积支出了 17 823.00 亿元，占 2018 年中国 GDP 总量 899 876.86 亿元的 1.98%。

表 1-1　2018 年全国基本医保收支情况

社会医保类型	参保人数/亿人	收入/亿元	人均筹资/元	支出/亿元	人均支出/元	基金累计结存/亿元
职工医保	3.17	13 538.00	4 270.66	10 707.00	3 377.60	18 750.00
城乡医保	8.97	6 971.00	777.15	6 277.00	699.78	4 372.00
新农合	1.30	875.00	673.08	839.00	645.38	582.00
合计	13.44	21 384.00	5 720.89	17 823.00	4 722.76	23 704.00

注：本表数据来源于《2018 年全国基本医疗保障事业发展统计公报》。

1.1.2　研究现状和研究问题的提出

社会医疗保险制度的政策目标，一方面是使参保者最大限度享有社会发展的成果，通过参加社会医疗保险，提高家庭和个人防范因疾病出现较大经济支付风险的能力；另一方面，通过社会医疗保险的福利再分配功能，促进社会福利分配公平，提高每个社会居民的社会福利水平。参保居民的福利获得情况，可以通过福利函数来衡量。根据福利经济学的有关研究，可以是序数效用，也可以是基数效用。但对于个体而言，社会福利的获得并不全是福利函数的绝对值，而是与其他社会成员相比的一种相对获得感。这就要求社会福利分配更趋公平和正义，才能使社会成员的获得感更高。

社会医疗保险制度关系到每个社会居民切身的福利分配获得感。通过社会医疗保险的筹资和服务利用来衡量社会福利的再分配效应，成为研究者关注的热点。本节接下来会首先分析中国社会医疗保险福利分配研究的现状，启发提出本研究的科学问题，进而探寻适合本研究的理论基础，即适用于分析社会医疗保险制度福利分配效应的福利效用理论和福利补偿原则，以及分配正义论中的机会平等理论等，后经过对文献进行综述、归纳和分析，发现已有研究存在的不足和缺陷，提出本研究的具体研究目标。

1.1.2.1　社会医疗保险福利分配研究现状

分析前期关于社会医疗保险福利分配的研究发现，本领域的研究可以分为两个部分：一部分是关于社会医疗保险的福利效应研究，另一部分是关于社会医疗保险的福利分配效应研究。

关于社会医疗保险的福利效应研究较为深入。丁利（2016）提出，医疗保险机构介入医疗机构和患者之间医疗市场的博弈，从而造成经济激励的扭曲和社会福利的损失。这种社会福利的损失，来自保险导致的事后"道德风险（moral hazard）"问题（李玲 等，2014）。Gaynor（2000）利用模型分析表明，医疗服务市场的竞争会增加社会总福利，而不是损失社会总福利。为了更加明确医疗保险对社会总福利和个人福利的影响，梁润 等（2010）在前人的研究基础上，提出医疗服务可以部分弥补消费者的疾病损失。消费者对医疗服务的需求量取决于其健康状况以及医疗服务的价格。商业保险引发的社会福利损失，是因为信息不对称问题造成的（梁润 等，2010）。

国内学者解垩（2008）用中国健康和营养调查（China Health and Nutrition Survey，CHNS）调研的微观数据，对辽宁省、山东省、江苏省等 9 个省（自治区、直辖市）的新农合参保居民的医疗服务利用和医疗费用，利用倍差法分析发现，医疗服务利用有所增加，但对净医疗费用没有影响。侯志远（2012）经理论分析，将新农合福利效应分解为卫生服务利用效应、价格效应和一般消费效应，价格效应是新农合参保者福利改善的主要因素，卫生服务利用效应和一般消费效应的发挥都需要依赖于价格效应。有学者为评估医疗保险制度的福利效应，将其分为直接社会效应（包括是否减轻了居民的看病负担、是否促进了居民健康状况的改善等）和间接社会效应（包括居民的医疗负担感、主观幸福感和政府信任感等）。有学者研究后发现医疗保险制度显著地促进了居民的健康状况，同时也减轻了居民无法获得医疗服务和重病无法支付的担心，但并没有减轻居民对于医疗费用支出的心理压力（於嘉，2015）。还有研究者利用实证数据，对新农合参保者的卫生服务利用进行了分析，发现新农合制度提高了参保者医疗服务利用的可及性，改善了医疗服务不平等的状况。但也发现农村居民卫生服务利用存在一定的不公平现象（李佳佳 等，2015）。还有学者利用机制设计原理，将供给者诱导需求理论纳入新农合政策的福利效果分析中，总结出新农合制度的一些改革方向（宁满秀 等，2013）。

虽然以上研究对医疗保险的福利效应进行了较为全面的分析，但还是为今后的研究留有一些缝隙。部分研究仅仅只是研究了新农合的情况，对于城镇职工医保和居民医保涉猎较少。部分有关医保福利效应的研究，由于福利的绝对值受到福利受众处境和环境的影响，应该加之不同人群之间的对比，才能体现出福利效应对于个体的作用，特别是福利效应是如何在个体之间分配的、分配的公平性如何，是评价社会政策的主要关注点和落脚点。

福利多元主义视角关注了福利三角，即家庭（household）、市场（market）和国家（state）的互动关系，三方提供的福利整合成社会福利的整体。市场提供就业福利，个人努力、家庭保障和社会互动是社会所提供的非正规福利，国家通过正规的社会福利制度将社会资源进行再分配。中国的社会医疗保险制度正是这种福利多元主义的现实例证。收入再分配是针对市场的按劳分配不公平的一次转移分配而进行的，社会医疗保险在其筹资和支付过程中发挥着对国民收入再分配的调节功能，但现阶段中国的社会医疗保险的收入再分配功能发挥仍然不足，公平性有待提高（周谨平，2009）。

在医保福利分配的计量方面，利用基尼系数来测量新农合制度不同补偿模式下的变化，发现医疗支出的发生会使基尼系数上升，造成收入不平等加剧，医疗支出显著地导致了贫富差距的扩大。实施新农合补偿后，基尼系数下降，表明新农合补偿使收入差距得以改善，这也说明新农合制度能够改善社会福利的分配效应（谭晓婷 等，2010；曹阳 等，2014；曹阳 等，2015）。医疗保险筹资的公平性由垂直公平、水平公平和再排序公平三个部分共同作用。曹阳等（2015）利用CHNS2011年的调研数据，分析了包括辽宁省、黑龙江省等9个省（自治区、直辖市）的城镇和农村医疗保险的利用情况发现，水平不公平和垂直不公平并存，并以水平不公平为主，城镇和农村的医疗保险筹资体系并没有起到收入再分配应有的效果。徐强等（2016）对2012年全国6个省，包括四川省、黑龙江省等的调查研究分析发现，城镇社会医疗保险制度的收入再分配效应明显大于农村，农村居民收入公平性的改善主要来自新农合制度对收入再分配的调节效应。

总之，从社会医疗保险福利效应和福利分配已有的研究来看，基本集中于一种社会医疗保险制度的分析，或者没有从全国的视角来分析社会医疗保险的福利分配效应。因此，本研究拟利用中国家庭金融调查的数据，分析 2015 年和 2017 年两年的职工医保制度、新农合制度和居民医保制度的医保基金筹资、住院费用支付和医保基金补偿后的福利分配效应变化情况，并将福利分配效应进行分解，探寻福利分配效应的来源，并利用倾向得分匹配方法，分析三类社会医疗保险制度对家庭医疗支出和个人住院费用的影响程度和相互关系。

1.1.2.2 社会医疗保险福利分配相关理论研究现状

为了明确社会医疗保险制度与福利分配之间的关系，应了解社会医疗保险制度是如何进行社会福利分配的，作用途径如何传递。相关的理论包括风险规避与医疗保险的福利效用理论、补偿原理、税收再分配评价模型、安德森卫生服务利用行为模型和反事实理论框架，这些理论和模型都对社会医疗保险福利分配研究有重要的指导意义。

医疗保险的福利效用理论。在卫生经济学的风险规避边际效用的模型中，富兰德（2011）利用数据实证法对个人的健康保险和财富的总效用进行了分析。封进（2019）在社会医疗保险的风险规避效用中，也引用了此模型进行说明，并将其抽象得更加理论化。黄秀女等（2018）利用医疗保险风险规避效用模型，分析了医疗保险参保者主观幸福感的隐性福利。本研究引入此理论，拟说明医疗保险的风险规避效用理论对中国社会医疗保险制度的福利效用也具有作用。

补偿原理是福利经济学发展历程中的一个关键性理论。福利经济学从古典经济学斯密的"看不见的手"对于市场的过度崇拜中走出来，不断融入新理论。补偿原理是在继帕累托最优法则之后，由英国经济学家卡尔多（N. Kaldor）和希克斯（J. R. Hicks）引入到福利经济学中，用来说明社会经济发展的作用在于缩小贫富差距，实现社会福利最大化。社会医疗保险的作用，就是遵循补偿原理，实现社会成员之间福利分配的公平性。李特尔（I. M. D. Little）在补偿原理基础上提出了三重福利标准，成为衡量福利分配的现实标准，也成为当代评判收入再分配的重要理论。罗默在补偿原理的基础上，利用数理分析逻辑提出了机会平等理论，马超（2014）利用罗默的机会平等理论，研究了中国城乡医疗保险统筹措施对城乡居民医疗服务利用的公平性。

税收再分配评价模型。Feldstein 在 1976 年提出所得税的横向不平等与再分配的关系，并将这种再分配效应分解为垂直效应、水平效应和再排序效应的三维结构。这种基于税收再分配的效应分解模型，应用了评价公平性的基尼系数和 Kakwani 指数，通过再分配的效应分解，建立了基尼系数和 Kakwani 指数之间的函数对应关系，为评价福利再分配公平性来源提供了一种全新的视角。

安德森卫生服务利用行为模型。安德森卫生服务利用行为模型（Andersen's behavioral model）由洛杉矶加州大学公共卫生学院罗纳德·安德森教授（Andersen R M）于 1968 年创建，是研究与分析卫生服务利用的最经典的模型。安德森卫生服务利用行为模型随着应用的深入，得到不断改进，由原来的倾向特征、能力资源和需要因素三个维度，修正为环境因素、个人特征、医疗行为和医疗结果四个维度（李月娥 等，2017）。安德森卫生服务利用行为模型在国内外研究中利用较为广泛，模型自建立之日起，经过五次以上的较大修订，并逐步完善。国外学者利用此模型，测量了健康的相关因素，包括医疗服务利用、药物利用、护理服务利用、心理健康以及老年人健康服务等方面。国内最早对安德森卫生服务利用行为模型进行研究和使用的学者是 2000 年的陈英耀等人。王小万等（2003）对安德森卫生服务利用行为模型的发展和修订做了进程的梳理。陈鸣声（2018）对安德森卫生服务利用行为模型的演变和应用进行了较为详尽的综述。李月娥等（2017）对安德森卫生服务利用行为模型的指标体系进行了解读，提出了一些比较经典的应用和启示。

反事实理论框架。反事实理论框架是 Rubin（1997）等提出进行因果推断的理论依据。由于社会学研究大多都是观察性研究，为了能够实现社会学研究的可控性和对照性，学者引入了倾向得分匹配分析方法。倾向得分匹配分析方法最早由 Rosenbaum 和 Rubin 在 1983 年提出，通过协变量来匹配处理组和对照组的研究对象尽可能保持相似，从而分析处理变量的"原因的效应（effects of causes）"。卢小君（2019）和胡宏伟等（2012）

用倾向得分匹配的反事实估计研究了社会医疗保险对老年人卫生服务利用的影响。于大川等（2016）利用倾向得分匹配的反事实评估研究了社会医疗保险对老年人健康的影响。

1.1.2.3 研究问题的提出

社会医疗保险是社会保障的核心内容，社会保障是社会福利的重要组成部分，其作用在于实现收入再分配的公平性，从而实现社会福利再分配的公平与正义。中国的社会保险制度历经建立、发展和成熟阶段，形成了现在的包括职工医保制度、新农合制度和居民医保制度的覆盖面全、补偿力度大、包含病种广的社会福利保障体系。

社会医疗保险通过政府补助、社会资助和个人自助的方式来筹集医疗保险基金，实现参保者的医疗服务利用的可及性和可得性，提高社会公平性，避免因贫穷造成的"应就诊而未就诊"和"应住院而未住院"问题的发生，实现较好的社会收入再分配。社会保险设立的根本目的，应该是实现保险的累进性，更好地促进公平，保护弱势群体。

基于以上分析，提出如下问题：

（1）中国现行的社会医疗保险制度包括职工医保制度、新农合制度和居民医保制度是否真正实现了医保福利的公平性分配？

（2）随着中国社会医疗保险制度筹资能力和保障水平的不断提高，福利分配公平性的发展趋势如何？

（3）福利分配公平性的来源是否发生变化？

（4）社会状况、经济条件和健康状况等因素，如何影响个体和家庭的社会医疗保险的利用和福利分配？

（5）在社会医疗保险福利分配存在异同性的基础上，如何推进"三保合一"的政策实施？

本研究在试图回答以上问题的基础上，同时验证以下的理论假设：

（1）中国的社会医疗保险制度能够实现福利经济学中的补偿原理；

（2）中国的三类社会医疗保险制度符合分配正义论中罗默提出的机会平等理论，即"环境"引起的不公平可以被接受，而"努力"引发的不公平不能被接受。

1.2 研究意义

本研究应用福利经济学有关的补偿理论和福利再分配理论，将社会医疗保险的再分配效应分析分成三个部分。第一部分，利用衡量福利再分配的累进制数 MT 来衡量中国社会医疗保险的累进性，为社会医疗保险的筹资和支付提供科学建议。第二部分，利用福利再分配理论，将三类社会医疗保险的筹资与支付再分配效应分解为水平效应、垂直效应和再排序效应，探索这三种效应在再分配效应中所占比重，给社会医疗保险政策的调整找准靶点。第三部分，利用反事实理论框架，经倾向得分匹配分析，应用安德森卫生服务利用行为模型，对不同种类的社会医疗保险的家庭医疗支出和个人住院费用进行分析，探索各类社会医疗保险对家庭医疗支出和个人住院费用的影响程度。

1.2.1 理论意义

尽管已有许多的研究在讨论有关社会医疗保险与福利效应之间的关系，但这种讨论都没有真正实现清晰的系统逻辑分析。社会医疗保险作为社会保障的重要组成部分，是构成福利社会的重要基础。作为现代社会的一员，每一个公民都应该享受社会发展的成果，使社会发展的成果公平地分配给每一位需要的人。本研究利用中国家庭金融调查的全国调研数据，利用社会公民身份理论（Marshall，1963）分析社会医疗保险的职工医保、居民医保和新农合制度覆盖的参保者，用公民的福利资格、制度安排和福利结果这一概念框架（刘凯，2018），来分析中国社会医疗保险的制度安排，对于中国社会医疗保险在理论层面上有较大的理论创新意义。

1.2.2 政策意义

中国的社会医疗保险制度覆盖人群广泛，三种制度产生于不同的历史时期，针对的对象、筹资标准和支付政策都不尽相同。在中国进入新时代的背景下，社会保险制度对社会福利的平衡分配，决定着社会的稳定与和谐。所以，利用合适的理论，进行正确的分析和评价，让社会医疗保险能够更加有效地运行，是当前政策制定者、研究者和执行者重点关注的问题。

1.3 研究目标与内容

1.3.1 研究目标

目标 1：分析中国社会医疗保险制度的三种保险类型包括职工医保、新农合和居民医保制度，在医疗保险筹资、基金补偿后个人收入分配的公平性如何变化，正确测算医保筹资和医保补偿的福利分配效应，探索再分配效应的来源以及所占比例。

目标 2：分析不同社会医疗保险制度对社会福利分配的影响程度。包括三种社会保险制度，即职工医保制度、新农合制度和居民医保制度对家庭医疗支出和个人住院费用的影响程度。

1.3.2 研究内容

内容 1：职工医保制度、新农合制度和居民医保制度的参保者的收入分布情况；利用 MT 指数来测算三类社会医保制度的再分配效应。

内容 2：分析职工医保制度、新农合制度和居民医保制度的医保筹资和卫生服务利用的再分配效应的水平公平、垂直公平和再排序公平的绝对值和占比。

内容 3：根据安德森卫生服务利用行为模型来分析职工医保制度、新农合制度和居民医保制度对参保者的家庭医疗支出和个人住院费用的影响程度。

1.4 研究结构框架

研究结构框架如图 1-1 所示：

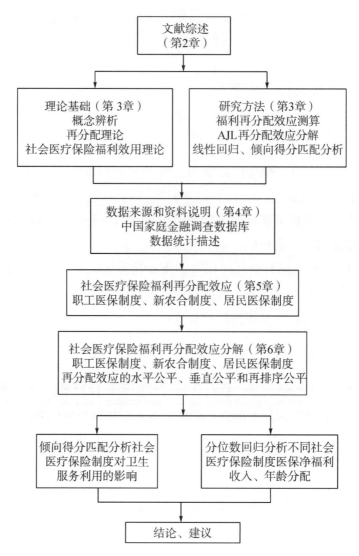

图1-1 研究结构框架示意图

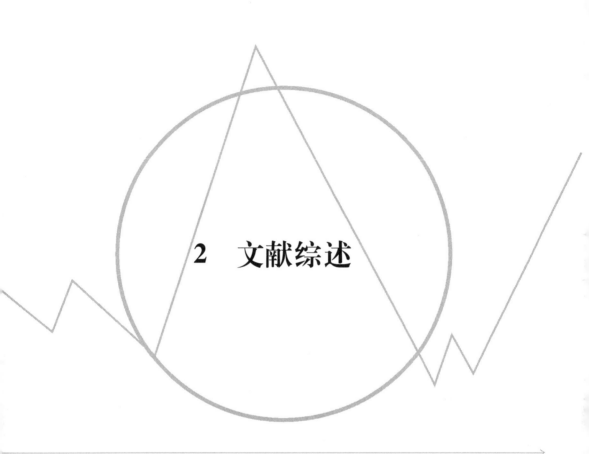

2 文献综述

目前大多数关于社会医疗保险福利研究的文献都集中在福利效应的研究方面，部分文献也研究了社会医疗保险的福利分配情况，但都是对某一种社会保险类型进行分析研究，例如新农合制度，或者是职工医保制度，没有从全国范围内进行分析。实际上，在下一步的全民医保推行过程中，统筹层次都是全国范围内的，如果仅仅关注一种类型的社会医疗保险制度，或者仅仅关注一个区域内的社会医疗保险福利分配情况，对于中国社会医疗保险的发展政策借鉴意义不明显。又由于三种社会医疗保险制度针对的人群、地区差异较大，所以筹资政策和支付方式也存在较大差异，所以，科学评价各类社会医疗保险在实现福利分配过程中发挥的作用，有助于为中国社会医疗保险制度的发展提供科学指导。

因此，亟须寻找一种适当的理论，在准确的实证数据基础上，分析中国社会医疗保险制度，找出三类社会医疗保险制度对福利分配的优势与不足，为中国下一步实现"三保合一"提供理论参考。

本章文献综述分为三个部分：第一部分文献回顾是关于社会医疗保险制度福利分配的公平性分析，第二部分文献复习是关于社会医疗保险制度的福利效应分析，第三部分文献评阅是关于社会医疗保险福利分配研究分析。本章在完成本研究有关文献综述的基础上，为后续进行研究设计、建构分析模型和实施实证分析提供理论支持。

2.1 社会医疗保险制度福利分配的公平性分析

2.1.1 分配正义视角下的福利分配理论

分配正义是关于社会或者团体应该如何在具有竞争性需求的个体之间分配稀缺资源及其产品的理论（约翰·E.罗默，2017）。由于社会医疗保险其目的是为了让参保者公平地享有竞争性的社会医疗服务，所以，社会医疗保险具有实现分配正义的功能和作用。

约翰·罗尔斯（2009）在《正义论》中提出的分配理论所要解决的问题就是为社会提供基本善。"所有社会价值，都要平等地分配，除非对其中的一种价值或所有价值的一种不平等分配合乎每一个人的利益。"约翰·罗尔斯认为基本善的平等，是一种资源的平等。但约翰·罗尔斯的正义两原则——平等自由原则和差别原则在实际中很难操作。罗纳德·德沃金在约翰·罗尔斯的基础上，提出资源平等的原则。罗纳德·德沃金提出，正义要求补偿个人，但只补偿那些并非他们自身原因所致但又妨碍他们实现人生价值的不利方面（龚群，2014）。罗纳德·德沃金将资源分配诉诸两类资源禀赋，一是选项禀赋（option luck），二是原生禀赋（brute luck），选项禀赋是随机的，带有自身努力的成分，而原生禀赋是先天的，约翰·罗尔斯的"无知之幕"属于后者（吕永祥，2014）。

2.1.2　机会平等视角下的福利分配理论

罗纳德·德沃金用责任和非责任来划分意愿和禀赋。阿内逊和科恩对德沃金的观点进行了修正：在个体无法对其境况负责任的前提下他们应该是平等的，但因个体负责任的行为或信仰而导致的待遇差异是允许存在的（周谨平，2009）。阿内逊将个体对行动或信仰的控制能力作为重点，在原有福利经济学分配原则基础上提出，福利分配的目标不是满足人们的所有福利要求，而是使人们具有公平的机会获得同等价值的福利（周谨平，2009）。机会平等的分配正义意味着每个人占有和获取资源和利益的机会均等。机会意味着自由选择，也给了人们通过选择和努力追求幸福生活的空间。约翰·E.罗默（2017）在《分配正义论》中论及，分配正义希望对社会资源的分配实现在相同的环境下，每个参与资源分配的人具有相同的优势。如果个体在自由选择方面行为不同，造成的资源和福利分配允许优势不平等，罗默将其总结为机会平等原则（Equality of Opportunity Principle，EOP）。

马超（2014）利用约翰·E.罗默的机会平等原则，对中国城乡医保统筹下的城乡居民医疗福利利用公平性进行了分析。罗默的机会平等原则将个人的支出、健康、收入和福利定义为优势（advantage）。这些优势分为两个方面：一是受环境（circumstance）影响的，是指个人不能控制的影响因素；二是由个人努力（effort）决定的，是指个人能通过主观能动性控制的因素。马超等（2017，2018）结合福利经济学中的补偿原则还进行了卫生服务利用的机会平等分析。这类研究都是基于罗默机会平等原则的理论框架进行的较为深入的分析，但由于样本较小，研究的可复制性和寻找规律性均存在一定的障碍。

2.1.3 能力平等视角下的福利分配理论

阿玛蒂亚·森（2016）在传统的平等理论的基础上，提出了可行能力平等理论。阿玛蒂亚·森认为，要实现分配的公平，首先要获得权利上的平等。要达成权利上的平等，就要使人们获得行使这种权利的能力。阿玛蒂亚·森指出，对于个人而言，有些权利是基础性的，只有有了这些基础性的权利，才能有机会选择生活道路，享受合理权利。这种合理权利阿玛蒂亚·森称之为"可行能力"。可行能力不平等，就会造成权利的不平等。阿玛蒂亚·森认为，能力就是人们去从事不同活动或是状态组合的真实机会和实质自由，能力和自由是相辅相成的。能力平等作为一种正义理论，其最终要解决的仍然是不平等问题，最可行的方法是通过再分配的方式对处于不利地位的人给予补偿。

从阿玛蒂亚·森的能力平等理论可以看出，社会应为人们平等提供卫生、教育等社会机会，从而培养他们的基本能力。社会医疗保险制度的实施，就是从收入的社会资源视角，来实现福利分配的平等。中国的社会医疗保险制度不以缴费多少为标准来衡量医保基金对医疗服务费用的补偿，从而提高了参保者的支付能力，提高了参保者在享受医疗服务方面的"可行能力"，促进了医疗服务利用的公平性（刘小鲁，2015）。居民医保通过补偿医疗服务费，促进了城镇居民患病时的医疗服务利用水平，改善了城镇居民的医疗服务可及性，提高了城镇居民的健康以及福利水平（Lin et al.，2009）。官海静等（2013）分析 2007—2009 年"国务院城镇居民基本医疗保险评估入户调查"79 个试点城市中 9 个城市的数据发现，居民医保和职工医保对住院服务利用公平性的贡献较大，经集中指数测算可知，居民医保倾向于穷人，职工医保倾向于富人。

柏雪（2018）基于约翰·罗尔斯的"无知之幕"和阿玛蒂亚·森的"可行能力"，论述了公平的机会平等是正义社会必须遵循的重要原则，社会的全体公民都应该享有同样的基本权利和机会，通过实现"全民医保"来维护国民的健康权，是一个国家实现社会公平和正义的重要标志。

通过以上对分配正义理论发展脉络的梳理，可以看出，从约翰·罗尔斯的《正义论》的两原则，到阿玛蒂亚·森的可行能力平等理论，都是针对资源的平等；再经罗纳德·德沃金到约翰·E.罗默，发展到机会平等，特别是约翰·E.罗默将个人责任纳入到平等的范畴中加以分析，将相关的因素分为"环境"和"努力"两个方面，并提出如果在环境平等的基础上，由努力不够造成的不平等，正义不予补偿。约翰·E.罗默对于分配正义的分析，是本研究分析社会医疗保险制度福利分配的理论基础。

2.2 社会医疗保险制度的福利效应分析

2.2.1 医疗服务的福利性分析

保罗·萨缪尔森等（2013）在其《经济学》一书中，对需求模型进行了假定。陈心广等（1996）利用一般商品的需求模型进行与基本医疗服务需求相一致，来估算医疗服务的福利性程度。

需求模型假设为：

$$X = F(P, I, \mu) \tag{2-1}$$

这里 X 为需求，P 为价格，I 为收入，μ 为误差，包括了在模型中没有包含的其他因素。经求导变换可以求出基本医疗服务需求价格弹性和收入弹性。该研究调查了 16 190 户，调查人数为 54 249 人，人均年收入 49 856 元，调查的两周就诊人次共 10 785 人次，平均每次就诊费用为 21 元。对调研获得的样本数据，经回归拟合得到基本医疗服务需求价格弹性系数为 -0.484 5，收入弹性系数为 0.325 1。

根据经济学方面的研究可知，商品的价格弹性系数绝对值能反映该商品的市场性和福利性（孟庆跃，2013）。当商品的价格弹性系数大于 1 时，该商品没有福利性，完全按照市场来调节，这种商品称为奢侈品。如果价格弹性的绝对值小于 1，具有福利性，如果弹性系数为 0.5，说明福利性和市场性各占一半。从陈心广等（1996）的研究可以看出，中国基本医疗服务的弹性在 0.48 左右，接近 0.5，说明中国基本医疗服务福利性和市场性价位较为均衡。这也给我们分析医疗卫生服务的福利性分配带来较为直接的理论支持。

2.2.2 职工医保个人账户经济福利损失分析

职工医保的账户包括统筹账户和个人账户。曹燕（2010）对职工医保的个人账户套现的经济福利损失进行了分析。职工医保的个人账户，可以看成是国家为城镇职工提供福利的一种形式。个人账户的支付方式有限定使用范围的医保卡支付和自由选择的现金支付。限定范围的医保卡支付只能用于购买指定的医药商品，而购买其他需要的商品成为一种相对约束。

在图 2-1 中，x 轴为医疗服务，y 轴为其他商品，U_1、U_2 和 U_3 是被假设为一位职工的选择无差异曲线。AC 为给定的货币收入约束线，AC 与 U_1 的交点为 B，此点为参保职工在货币收入约束下，所能达到的最优点。在医保卡个人账户的支持下，参保职工可以获得 H 量的医疗服务，并没有影响到其他商品的消费，所以，新的预算约束线变成了 AFH，此时的无差异曲线 U_2 与 AFH 的最优点为 F。

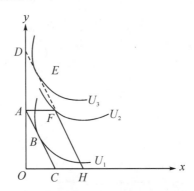

图 2-1 职工医保个人账户的经济福利分析

如果职工的医保个人账户变成等价值的现金，能够用于购买 CH 数量的医疗服务，这时的预算线就变成了 DH。他能用等值的现金来购买 D 数量的其他商品，他在 DH 预算约束线下的最优点为 E。从图中可以看出，参保职工的效用 $U_3 > U_2 > U_1$，说明在个人账户的支持下，职工的医疗服务效用和其他商品的效用都有所提高，其经济福利也获得改善。

如果职工个人账户中的余额不能购买其他商品，则其效用就会由 U_3 减小到 U_2，其福利损失即为（$U_3 - U_2$）。如果有的医疗机构违规用医保卡余额来售卖非医药用品，实现职工医保卡个人账户的套现现象，就出现 $W_1 = (U_3 - U_2)$ 与 $W_2 = (U_2 - U_1)$ 之间大小的比较，如果 $W_1 > W_2$，则医保卡套现有福利剩余。这类行为大多出现在年轻人身上，因为他们的偏好是其他商品，对医疗服务利用较少。相对来说，老年人的个人偏好可能是医疗服务，则 $W_2 > W_1$。所以，职工医保个人账户的经济福利效应应从年龄上来进行分析，可能效果会更好。

2.2.3 新农合制度福利效应分析

由于新农合制度的筹资模式是由政府扶持、个人缴费来实施，同时政府财政补助在新农合制度筹资中起了较大的作用，国内学者对新农合制度的福利效应研究较多。这些研究多集中在医疗服务利用的数量、医疗消费的金额、就医造成的负担以及对健康意识的改变等方面（李佳佳 等，2015）。解垩（2008）利用2000年和2006年的中国健康与营养调查数据，利用倍差法对参保农民和没有参保的农民进行了新农合制度福利效应的实证分析。该研究使用2000年和2006年两年的数据，利用倍差法的对照组和实验组，对因变量——医疗服务利用和医疗费用进行对照分析。通过简单均值比较发现，新农合制度的参保者一次感冒的医疗费用为28.3元，高于未参保农民23.8元的费用。该研究还发现，参保农民的医疗服务利用比未参保者增加了7.19%，新农合制度对两个研究组的医疗费用影响不显著；性别、教育程度和地区差异等变量，都对医疗服务利用和医疗费用影响不显著。从此研究的结果来看，虽然医疗费用差异不显著，但参保农民的医疗服务利用显著提高，对照未参保农民的医疗服务利用，其医疗服务费用会高于参保者的支出，说明新农合制度在减少参保者医疗费用支出方面，促进了参保者的福利效应。

邹厚东等（2012）在界定了福利和医疗卫生福利的基础上，界定了新农合制度福利性（NCMS Welfare），即在新农合制度实施后，农村居民就医需求得到满足的程度，新农合制度的福利性是社会医疗卫生保障福利的重要组成部分。作者从新农合制度的综合评价、满意度评价、公平性评价、绩效评价和定点医疗机构医疗服务质量评价等方面进行了综述，对新农合制度发挥的作用进行了较为详尽的阐述。文章还对新农合制度福利性的三个方面进行了分析：一是基于国民经济核算体系及单一指标测度方法，例如国内生产总值（GDP）和国民生产总值（GNP）、经济福利测度指标（MEW）和真实发展指数（GPI）等；二是基于生活质量和社会发展的指数测量方法，例如人类发展指数（HDI）、社会健康指数（ISH）等；三是基于生活满意度的测量方法，例如昨日重现法（DRM）等。张伟（2010）对国内外有关经济福利测度的文献进行了理论梳理和分析，世界银行的经济学家 Herman Daly 和 John B. Cobb 在萨缪尔·森提出的经济福利测度指标的基础上，提出以个人消费作为起点进行研究的可持续经济福利指数（Index of Sustainable Economic Welfare，ISEW）。在 ISEW 中，更多地考虑了收入分配和环境因素对经济福利的影响。

还有关于新农合制度福利性的认同的研究。新农合制度的福利性体现在参保农民从该制度中能得到经济实惠。由于新农合制度牵涉多方主体，包括参保者、医疗服务提供方和政府等，任何一方有不当的行为都会影响新农合制度的福利效果。这种福利效果的影响，实际上是参保农民从制度中得到的医疗服务利用应该支付和实际支付之间的差额。如果之间的差额越小，表明农民从新农合制度中得到的实惠越多，农民对新农合制度的福利性认同度会越高；如果差额越大，则认同度就会越低。这种之间的差额，受到医药支出报销比例和医药支出总额两个因素的影响。于长永（2012）对中部四省 420 个样本进行分析发现，福利认同受多层因素影响，包括健康状况、医疗费负担和医药支出总额等，同时发现新农合制度福利性得到参保农民的广泛认同。

2.2.4 利用消费者剩余分析社会医疗保险的福利效应

法国工程师杜皮特（J. Dupuit）提出了消费者剩余的概念，Marshall（1963）将消费者剩余定义为：人们不愿失去某种东西，而愿意支付的价格超过其实际支付的价格。Marshall 在定义消费者剩余时指出，消费者购买一种商品，其期望的效用要高于其实际支付的价格，这种实际消费商品带来的效用与实际支付的价格之间的额度，即为消费者剩余。

在图 2-2 中，x 轴为商品量，y 轴为货币量，通过图 2-2 可以看出，AB 是消费者的预算约束线，与无差异曲线 l_1 相切于 P 点，与无差异曲线 l_0 相交于 R 点，P 点和 R 点消费者用不同的货币量购买到了相同数量的商品。A 点和 R 点都在无差异曲线 l_0 上，没有商品量的 A 点与 R 点的效用是相同的。

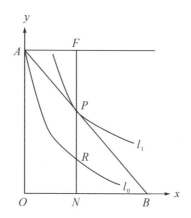

图 2-2 消费者剩余原理

由于医疗保险的影响，消费者的效用向右上方移动，增加了消费者的效用，同时，在相同商品量的情况下，也减少了货币量的支出。按照 Marshall 的定义，消费者剩余就等于 $FR-FP=PR$，这也说明在引入社会医疗保险以后，参保者的消费者剩余。

李佳佳等（2015）根据山东省高青县的现场调查，利用消费者剩余理论，对统筹城乡医疗保险制度进程中的单一筹资模式和阶梯式筹资模式进行了分析，采用了分位数回归对参保者的筹资意愿进行了影响因素分析。梁长来（2007）利用消费者剩余理论对新农合制度进行分析后发现，在实施新农合制度后，消费者剩余比参合之前的消费者剩余要大，说明在实施新农合制度以后，参合农民的社会福利增大。同时，从卫生服务提供方的视角来看，医疗机构的生产者剩余也随之提高，进而说明，在实施新农合制度后，整个社会福利都增加了。

孙香玉等（2009）利用福利经济学的消费者剩余理论对强制性的农业保险进行了分析。该研究使用了非市场产品价值评估的方法——条件价值评估法，即利用问卷调查等方式考察受访者在假设性市场里的经济行为，以得知受访者支付意愿，从而对商品或服务的价值进行计量的一种方法。研究以黑龙江省的玉米保险和江苏省的水稻保险为例进行分析，发现福利增加者的总额小于福利损失者的总额，社会福利是整体减少的。如果不将政府强制性的农业保险的补贴成本计算在内，农民的消费者剩余表现为净增加，说明补贴后社会潜在福利的增加大于强制带来的福利损失。同时，研究还利用消费者剩余考察了农民的收入分配效应。如果生产规模较大的农户是相对富裕的农户,对其强制保险并不会导致收入分配状况的恶化;反之,如果被强制参保的农户是低收入者,强制参保制度就可能导致收入分配恶化。

总之,通过以上文献可以看出,社会医疗保险制度补偿的医疗服务费用支付具有一定的福利属性。特别是中国的新农合制度,学者们对其福利效应进行了深入的研究。新农合制度提高了医疗服务利用率,减少了自费支出,提高了生活满意度等,这些都可以看作是新农合制度的福利效应。由于职工医保基金账户的特殊性,可将其分为统筹基金账户和个人账户,个人账户的不合理使用会影响职工医保制度的福利效应。福利经济学中的消费者剩余理论能够从经济学的视角来观察社会医疗保险的福利效应,这一点也启发本研究使用消费者剩余理论,分析各类相关因素对中国社会医疗保险制度的医保基金补偿净福利的影响程度。

2.3　社会医疗保险福利分配研究分析

关于社会医疗保险的福利分配的研究并不多见。已有的研究大多集中在某一类社会保险制度的福利效应研究上,特别是新农合制度的福利效应研究关注者较多。迄今为止,鲜见有对中国三类社会医疗保险进行全面分析的研究。也可以看到,有些研究是局限在一个省,或者是一个地区的三类社会医疗保险的筹资累进性研究。下面按照本研究的研究路径,来分析已有研究的启示及不足,为后续的研究提供参照。

2.3.1　社会医疗保险制度的福利效应研究

2.3.1.1　疾病风险规避视角下社会医疗保险福利效应研究

舍曼·富兰德(2010)利用医疗保险对疾病负担风险规避进行了严格的数学模型分析,同时根据凹的财富函数边际效用递减规律,发现参与医疗保险能够有效降低因疾病造成经济损失的风险,从而增加人们的福利效应。国内学者封进(2019)利用参保者的实际例子,提出了参加社会医疗保险有助于规避经济风险,并分析了其增进福利效用的详细过程。黄秀女等(2018)利用舍曼·富兰德提出的医疗保险对疾病负担风险规避的理论,对中国的医疗保险在城市和乡村背景下进行了分析,提出中国的社会医疗保险不仅具有经济福利方面的作用，还具有隐性福利方面的效用。这种隐性福利主要表现在参保者的主观幸福感的提升上面。

Feldstein（1970）较早比较了医疗保险带来的福利损失和福利改进，其中由于医疗福利的引入，造成医疗服务价格上升和医疗福利利用量增加，这些都会造成参保者的福利损失。由于医疗保险的引入，还造成医疗服务价格上升以及昂贵设备的使用，这会给没有医疗保险的人造成福利损失。但经 Feldstein 分析发现，医疗保险能够通过减小风险的不确定性，从而使参保者的福利效用得到改善，从而使福利受益远远大于福利损失，从而保证了社会医疗保险能够一直保持社会福利的净收益。

2.3.1.2　医疗服务价格视角下社会医疗保险福利效应研究

以往研究明确了社会医疗保险存在净的福利收益，并将其称为福利效应。这种福利效应的大小或强弱应如何测量，成为前人研究关注的焦点。从国际上来看，研究医疗保险福利效应一般以消费者的医疗服务消费行为为研究对象，探讨医疗保险补偿水平对卫生服务总价格的影响。Feldstein 在 1973 年针对商业医疗保险领域，从完全竞争的卫生服务市场和私人医疗保险市场两个方面，证实了将医疗保险共付率从 0.33 提高到 0.67 后，每年美国的净福利增加 20 亿~40 亿美元。

Feldstein（1970）最先提出医疗保险的扩张会引发卫生服务价格升高，影响到医疗保险的价值。随着 Feldstein 研究的深入，其将医疗服务价格纳入医疗保险运行机制进行分析，发现医疗保险的参保率和共付率与医疗服务价格呈正相关，共付率提高，医疗机构的医疗服务价格和数量都会随之增加。Feldstein（1971）还发现，这种医疗机构行为的变化，是医疗保险通过诱导医疗机构服务产品变化来实现的。医疗服务价格升高的原因来自道德风险的增加和医疗服务质量的提高。医疗服务质量的提高增加了参保者的福利，这是有益的。同时由于医疗服务价格升高导致医疗保险福利损失受到保险共付率和卫生服务利用数量的直接影响。

Feldstein（1971）通过对美国医疗保险的分析发现，卫生服务价格对保险的共付率敏感，卫生服务需求对卫生服务的价格和投入影响不显著，因为，通过提高医疗保险的共付率会增加医疗保险的福利净收益。著名的兰德健康保险实验和 Feldstein 得出的结论相一致。

虽然 Feldstein 对医疗服务价格、数量与医疗保险福利之间的关系进行了较为深入的分析，但最终没有形成理论模型。后来，在 Feldstein 研究的基础上，Chiu（1997）首次将医疗保险导致的医疗服务价格上涨以及医疗保险对于参保者福利的影响模型化。Chiu 通过医疗服务有无价格弹性来看医疗保险提供给参保者的福利收益。因为 Chiu 假设了医疗保险市场和医疗服务市场处于完全竞争条件下，所以其构建的医疗保险对消费者福利影响的理论模型与事实不符。

后来，Vaithianathan（2006）在 Chiu 完全竞争的假设的基础上，假设了不完全竞争的医疗服务市场的运行情况，构建了完全竞争的医疗保险市场与不完全竞争的医疗服务市场之间的相互作用模型，证明了医疗保险市场和医疗服务市场的价格存在互动关系。在不完全竞争的医疗服务市场，卫生服务提供者通过市场力量来强化医疗保险市场的需求，从而出现医疗服务价格升高导致医疗保险购买过度的结果。

Wright（2006）在卫生服务垄断市场下，构建了完全竞争医疗保险对消费者福利效应的影响的理论模型。Wright 利用博弈论中的纳什均衡条件对公立医院、私立医院、私立医生和参保者之间的相互作用进行分析。该研究证明政府对于医疗保险的补贴在医疗服务市场释放为质量提高效应和纯补贴效应。质量提高效应增加了参保者的预期福利和私立医疗机构医生的预期收入。纯补贴效应是一种税收转移，并没有改善福利。

2.3.2 社会医疗保险制度的福利分配效应研究

2.3.2.1 社会总福利视角下医疗保险福利分配效应研究

福利经济学基本定律认为，在完全竞争市场的经济体系中，如果存在着竞争性均衡，那么这种均衡就是帕累托最优。城镇职工、城镇居民和农村居民参与的三类不同的社会保险，面对的竞争有医疗服务市场竞争、医疗保险市场竞争和个人购买医疗保险的市场竞争。这些市场竞争均存在一定的竞争性均衡，可以实现帕累托最优。福利经济学第二定律表明，如果存在完全竞争市场并且满足个人效用函数（凸的无差异曲线）和生产函数（凸的生产函数）的某些条件，那么通过初始资源禀赋在个人之间的合理再分配，竞争性均衡的结果可以实现帕累托最优状态（孙月平 等，2004）。

帕累托标准是福利经济学的重要法则。帕累托最优状态是指，如果某种配置下的资源重新组合、分配后，并不能使一个人或多个人的福利增加，也不使其他的人福利减少，则此状态成为帕累托最优状态。帕累托最优状态本质上表明了社会资源最优配置过程中的一种中间状态，资源的重新配置称为帕累托改进，一类改进是所有人的福利水平都提高了，另一类改进是至少一个人的福利水平改进了，同时没有一个人的福利水平变差。这些改进都是帕累托最优状态。

社会医疗保险的目的是有效保障因疾病或居民收入降低造成的医疗服务利用可及性和可得性不足的问题，社会医疗保险能够实现高收入人群占有的医疗资源向低收入人群转移（郭晗 等，2011）。这种转移是否是一种医疗资源重新配置的帕累托改进呢？根据消费边际效益递减规律，弱势群体从医疗保险中的获益要大于富人从中的获益，这种转移符合福利经济学中的补偿原理，从整个社会层面提高了经济福利水平，也体现了社会福利的有效分配，从医疗资源分配来说这种转移是帕累托改进。

福利分配理论认为，穷人绝对收入增加会导致福利总量的增加；穷人福利的增加可以大于富人福利的减少，可以通过强制性措施（税收）和自愿性捐赠两种方式向穷人转移收入，以实现社会公平（丁夏夏 等，2012）。

2.3.2.2 社会经济福利视角下的收入分配测量研究

不同收入分配方式直接影响着福利分配。为研究财富、土地和工资分配是否公平，奥地利统计学家 M. Lorenz 在 1905 年提出了洛伦兹曲线（崔友平，2008）。由于洛伦兹曲线仅能较为精确地反映不同人群的收入情况，1912 年意大利著名统计学家 C. Gini 根据洛伦兹曲线计算出一个衡量收入分配的指标，称之为基尼系数。基尼系数的计算不判断洛伦兹曲线代表函数的类型，崔平友（2008）利用洛伦兹曲线的弧线定点来判断收入分配不公平的来源包括"按权分配"和"按能分配"的比例，计算了一个 K 指数来进行区分。

唐爱国等（2003）为了实现经济福利测度的一致性，利用广义随机占优理论框架，根据收入分配决策的投票机制，对传统的基尼系数和 Atkinson 指数进行了函数分析上的统一。通过广义随机占优理论，假设福利效用函数为线性：

$$U(y) = \lambda y + c \tag{2-2}$$

将传统的洛伦兹曲线、基尼系数、Atkinson 指数、广义熵与 Theil 指数等进行了统一。

2.3.2.3　卫生筹资公平视角下的累进性和再分配效应测量研究

彭海艳等（2008）认为社会医疗保险筹资可以看作是医疗保险税，测量税收的累进程度是评价其公平性的重要指标。卫生筹资的累进程度是用来评价筹资垂直公平性的，即不同收入水平的人应该承担的税负也不同。Musgrave 和 Thin 在 1948 年比较了所得税累进性的几种测量方法，并提出一种新的税收累进性测量方法。评价卫生筹资公平性是通过筹资水平与收入之间的关系，将其分为累进、累退和等比例三种性质来加以说明（封进，2019）。

庇古（2013）在 1928 年提出了平均税率累进性测量方法（Average Rate Progression，ARP），用两个时间点之间税率的变化与收入变化的比率来表示累进性：

$$\text{ARP} = \frac{\dfrac{T_1}{Y_1} - \dfrac{T_0}{Y_0}}{Y_1 - Y_0} \tag{2-3}$$

其中，T 表示税额，Y 表示收入。ARP 大于 0，为筹资累进性；ARP 小于 0，为筹资累退性；ARP 等于 0，为筹资等比例性。

同时，庇古还提出边际税率累进性测量方法（Marginal Rate Progression，MRP），用边际税率变化和收入变化之间的比例来表示累进性：

$$\text{MRP} = \frac{\dfrac{T_2 - T_1}{Y_2 - Y_1} - \dfrac{T_1 - T_0}{Y_1 - Y_0}}{Y_2 - Y_1} \tag{2-4}$$

其累进性数值判断与 ARP 相同。

Musgrave 和 Thin 在 1948 年也同时提出了三种筹资累进性的测量方法：应纳税额累进性、剩余税额累进性和 MT 指数（Musgrave-Thin Coefficient，简称"MT 指数"，即卫生筹资测量指数）。

应纳税额累进性（Liability Progression，LP）用税额增长率与收入增长率之间的比例来表示：

$$\mathrm{LP} = \frac{\dfrac{T_1 - T_0}{T_0}}{\dfrac{Y_1 - Y_0}{Y_0}} \tag{2-5}$$

应纳税额累进性测量值的 LP 大于 1 为累进性，小于 1 为累退性，等于 1 为等比例性。

Musgrave 和 Thin 也对剩余税额累进性进行了评价。剩余税额累进性（Residual Income Progression，RIP）是用税后收入变化比例与税前变化比例之比来表示：

$$\mathrm{RIP} = \frac{(Y_1 - T_1) - (Y_0 - T_0)}{Y_0 - T_0} \cdot \frac{Y_0}{Y_1 - Y_0} \tag{2-6}$$

其累进性数值判断和 LP 相同。

同时，Musgrave 和 Thin 提出了现在普遍采用的一种称为 MT 指数的卫生筹资测量指数。该指数可以通过筹资前后的洛伦兹曲线面积之间的比例来获得：

$$\mathrm{MT} = \frac{E_a}{E_b} \tag{2-7}$$

E_a 为筹资后收入分布的洛伦兹曲线面积，E_b 为筹资前收入分布的洛伦兹曲线面积。

另外，Suits（1977）用洛伦兹曲线与对角线围成的面积的两倍作为对筹资累进性的测量。

筹资累进指数的测量形式有多种，现在经常用的 K 指数（Kakwani Coefficient，简称"K 指数"，即税收累进指数）也是基于洛伦兹曲线所获得，K 指数是通过筹资后的集中度指数与筹资前的基尼系数之差来衡量。

Kakwani 在定义 K 指数时提出，Musgrave 和 Thin 的累进性测算没有区分平均税率变化和累进性变化对收入分配的影响。通过 K 指数，可以分析在筹资累进率不变的情况下，平均筹资率变化如何影响筹资的分配效果。反之，平均筹资率不变的情况下，累进率如何影响筹资的分配效果。

K 指数的计算基于洛伦兹曲线。假设个人收入 x 是一个随机变量，其均值为 u，概率分布函数为 $F(x)$。如果 $F_1(x)$ 是收入小于等于 x 的单位的收入所占的比例，那么 $F(x)$ 与 $F_1(x)$ 的关系称为收入 x 的洛伦兹曲线。

我们用 $F_1[(T(x))]$ 表示收入小于等于 x 的单位所缴纳税款的比例，那么 $F(x)$ 和 $F_1[T(x)]$ 之间的关系就称为税收的集中曲线。集中度指数（concentration index）的数值等于 1 减去集中曲线下面积的两倍。

曲线 $F_1(x)$ 与 $F_1[T(x)]$ 之间的距离取决于税收弹性。如果税收弹性在所有收入水平上都是统一的，则两条曲线重合。税收弹性差异越大，$F_1(x)$ 与 $F_1[T(x)]$ 之间的距离越大。这表明，通过比较收入的洛伦兹曲线和税收的集中度指数，可以得出一个合适的税收累进率结果。如果用 C 表示筹资后的集中度指数，G 是税前收入的基尼指数，那么 K 指数可以表示为：

$$K = (C - G) \tag{2-8}$$

K 是一个合适的筹资累进性度量。可以看出，K 等于曲线 $F_1(x)$ 和 $F_1[T(x)]$ 之间的面积的两倍。如果所有 x 的税收弹性大于（小于）单位，则 K 为正（负）。当税收弹性为单位弹性时，K 为零。K 为正意味着累进税制，反之为累退税制。在所有收入水平上，K 随税收弹性的增加而增加，随税收弹性的减少而减少。Kakwani 分析了 MT 指数，认为 MT 指数实际上是在衡量税收的再分配效应，这种效应已被证明是累进性之外的平均税率的函数。这也是本研究使用 MT 指数来衡量医疗保险筹资和支付再分配效应的原因。

Kakwani 在论述税收累进性时指出，税后的基尼系数 G^* 可以通过三个变量来表示，税前基尼系数 G、平均税率 g 和税收累进指数 K，其表达式如下：

$$G^* = G - K \times \frac{g}{1 - g} \tag{2-9}$$

比较 MT 指数和 K 指数可以看出，如果不存在再排序效应，税收集中度指数 C 等于税收基尼系数，MT 指数和 K 指数一致。K 表示税收的累进指数，是 Kakwani 从洛伦兹曲线和税收集中曲线中推导而得的指数。从几何意义上说，K 指数的绝对值等于洛伦兹曲线与税收集中曲线之间面积的两倍。当 $K > 0$，则表示税收集中曲线在洛伦兹曲线的下方，此时税收累计比重小于收入累计比重，说明税制是累进性的。当 $K < 0$，则表示税收集中曲线在洛伦兹曲线的上方，此时税收累计比重大于收入累计比重，说明税制是累退性的。当 $K = 0$，则表示税收集中曲线与洛伦兹曲线重合，此时

税收累计比重等于收入累计比重，说明税制是等比例性的。

2.3.2.4　卫生筹资再分配效应的分解测量研究

Feldstein（1976）对个人所得税与公共政策实施的关系进行了再分配方面的研究。Aronson et al.（1994）发展了一种新的分析模型，对税收的再分配不平等来源进行了较为全面的分析，部分研究称之为 AJL 模型。

Aronson et al.（1994）将由税收的公共筹资过程引发的再分配效应分解为三个部分：垂直效应（vertical effect）、水平效应（horizontal effect）和再排序效应（reranking effect）。其中的垂直效应，即从收入的纵向来看卫生筹资的累进性或累退性，垂直效应是支付与支付能力的相关关系。通过垂直效应能够说明，支付能力高的人多支付了，则卫生筹资是累进的，相反则是累退的。水平效应是指具有相同支付能力的人实际支付应该相同，一般利用收入分组来衡量水平效应。再排序效应是指支付后收入排序变化对卫生筹资公平性的影响程度。

在分析税收的累积性时，Kakwani（1977）提出了 K 指数与再分配效应（Redistributive Effect，RE）之间的关系如下：

$$RE = (\frac{g}{1-g}K) \qquad (2-10)$$

在以上模型中，g 表示了所得税占总收入的比值。从 Kakwani 的再分配效应与累进指数 K 指数之间的关系来看，税收占比与税收的累进指数都影响了税收的再分配效应。Kakwani 对再分配效应与累进性分析没有考虑到人群的分层情况，不同的社会群体对所得税的税率和累进性的影响是不同的。Aronson et al.（1994）利用人群的分层对所得税的再分配效应的分解进行了分析。

假设一个社会分层所有收入 x 的家庭 h 的纳税义务 T^h，可以表示为：

$$T^h = T(x) + \varepsilon^h(x) \qquad (2-11)$$

其中 $T(x)$ 是增加的，$T(x) < 1$；$\varepsilon^h(x)$ 是一个扰动项，在每个收入水平下，扰动项均为零。该模型可以描述对同一社会群体的货币收入所得税的随机性。在这种情况下，$T(x)$ 是收入 X 的函数，而 $\varepsilon^h(x)$ 是一个随机误差。由于社会人口的异质性，X 是一个社会群体收入的均值。由于人群存在差异性，造成均值的扰动，如图 2-3 所示：

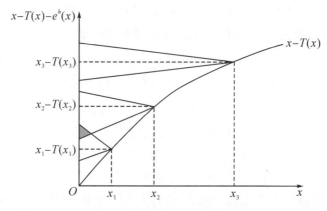

图 2-3　收入与税后对应关系

由于各分类群体中随机扰动项 $\varepsilon^h(x)$ 的数学期望不一定恒等于 0，就会造成图中 X_1 与 X_2 的情形，原来的 $X_1 < X_2$，但在阴影部分会出现 $X_1 - T(X_1) > X_2 - T(X_2)$ 的排序反转情况。所以，Aronson et al.（1994）在进行再分配效应分解的过程中，引入了再排序效应。

通过比较原始收入分布在水平轴的基尼系数 G 和税后分布在垂直轴上收入的基尼系数 G^*，可以确定由此产生的总体再分配效应如下：

$$RE = G - G^* \tag{2-12}$$

在子群体收入范围重叠的情况下，基尼系数未能在子群体之间分解为组间和组内不平等成分。将子群体的不平等分布也纳入分解中：

$$G^* = G_0 + \sum \alpha_x G_{F(x)} + R \tag{2-13}$$

以上公式中，G_0 为组间基尼系数，α_x 是该人群分组在整个人群中所占比重，$G_{F(x)}$ 是该分组中人群的原始收入基尼系数，R 是残差。如果各子群体收入范围不重叠，R 的数学期望为 0。

与式（2-12）结合，可以得出：

$$RE = [G - G_0] - \sum \alpha_x G_{F(x)} - R \tag{2-14}$$

将再分配效应的垂直效应定义为 V：

$$V = G - G_0 \tag{2-15}$$

将再分配效应的水平效应定义为 H：

$$H = \sum \alpha_x G_{F(x)} \tag{2-16}$$

将再分配效应的再排序效应定义为 R，再分配效应就可以分解为 RE：

$$RE = V - H - R \qquad (2-17)$$

一般健康经济学中对分配公平性从水平公平与垂直公平两个维度来分析。水平公平维度（horizontal equity）是指同等需要应该得到同等的医疗卫生服务，而不应以个体的收入、地域、种族等因素作为衡量标准和限制条件（马超 等，2017）。垂直公平维度（vertical equity）是指有不同医疗需要的人得到与自身相适应的医疗卫生服务（Morris et al.，2005）。健康经济学的水平公平维度和垂直公平维度与阿伦森等人的分解思路是一致的。特别是通过福利分配公平性来源视角分析，通过再排序公平性测量，更能较为全面地对再分配效应的公平性来源进行分析。

2.4　本章小结

社会医疗保险制度如何对社会福利进行分配，应从社会医疗保险体制的分配途径和分配通道来进行分析。本研究以福利经济学的社会福利函数为起点，对社会医疗保险制度社会福利进行测算。又因本研究将社会医疗保险制度看作社会福利分配的有效途径和合理机制，于是引用了分配正义相关理论对社会福利分配进行框定，并利用约翰·罗尔斯、罗纳德·德沃金和约翰·E.罗默的分配正义理论，分析中国社会医疗保险制度的福利分配公平性。

要科学回答社会福利分配的公平性，就要完成公平性的测量，清楚公平性的来源以及找出影响福利分配公平性的因素，这些问题在本章的文献中都有所阐述。特别是 MT 指数在福利分配测算中被广泛应用，所以本研究将利用 MT 指数对中国三类社会医疗保险的医保基金筹资、住院费用支付和医保基金补偿三个环节进行测算。同时也将测算 K 指数，来判断三类社医保险制度三环节的筹资累进性情况。在分析福利分配效应来源时，使用了 Aronson et al.（1994）提出的 AJL 分解模型，对社会医疗保险制度的再分配效应的水平效应、垂直效应和再排序效应进行了深入分析。本研究还将利用消费者剩余理论对医保基金补偿的净福利进行分析，来回应约翰·E.罗默等人提出的福利机会平等理论。

3 理论基础和研究方法

在前一章对社会医疗保险福利再分配进行理论综述的基础上，本章首先厘清了本研究涉及的重要概念和理论基础，以明确其内涵和外延，然后分析了福利分配所使用的研究方法，提出了本研究的技术路线，为后面章节的实证测量提供理论依据。

3.1 概念界定

3.1.1 社会保障相关概念

3.1.1.1 社会保障

社会保障源于英文"social security"，其意思是指社会安全。现代社会保障诞生于英国。1601年，英国伊丽莎白女王颁布了《济贫法》。19世纪上半叶，英国又颁布了《新济贫法》。英国资产阶级政府出于安抚民众的需要，由国家出面组织和实施对贫民的社会救济，以维持社会秩序，这在很大程度上推动了英国经济的高速发展（孟翠莲，2008）。

1883年，德国首先推出健康保险计划，现代社会保障制度正式形成。1941年，著名的《贝弗里奇报告》出台。该报告建议政府通过国民收入再分配来实施社会保障，提出一套福利国家均使用的指导原则，并设计了一套广泛的、全面的"从摇篮到坟墓"的社会福利计划。

关于社会保障的概念，德国经济学家艾哈德认为，社会保障是为竞争中失败或失去竞争能力的人提供基本生活保障的、具有互济意义的安全制度。《社会福利词典》指出：社会保障是对国民可能遭遇到的各种危险如疾病、年老、失业等加以保护的社会安全网，这种社会保障强调了防范社会风险，并将疾病视为社会保障最重要的内容。《简明不列颠百科全书》认为社会保障是一种公共的福利计划，旨在保护个人及其家庭免除因失业、年老、疾病或死亡而在收入上受到的损失，并通过公益服务以提高其福利水平。1989年，国际劳工局社会保障司编著的《社会保障导论》对"社会保障"做出的概括是：社会通过采取一系列的公共措施来向其成员提供保护，以便与由于疾病、生育、工伤、失业、残疾、年老和死亡等原因造成停薪或大幅度减少工资引起的经济和社会贫困进行斗争，并提供医疗保障和对有子女的家庭进行补贴。该书指出社会是承担社会保障的主体。

3.1.1.2　社会医疗保险

保险是指集合具有同类危险的众多单位和个人，以合理承担分担金的方式，达到对少数成员因该危险事件所致经济损失的补偿行为。保险的社会本质就是参与平均分担损失补偿的单位或个人之间形成的一种分配关系（卢祖洵，2003）。从广义上来看，健康保险（health insurance）和医疗保险（medical insurance）是一致的。但从狭义的概念上来看，有的国家的医疗保险是只对医疗费用进行补偿的保险，而健康保险不仅包含了医疗费用的补偿，还包含了疾病或者是疾病以外伤害所致的损失的补偿，部分发达国家还包含了补偿疾病的预防、健康促进等费用。

根据保险的经营性质进行分类，医疗保险又分为商业医疗保险和社会医疗保险。商业医疗保险是医疗保障体系的组成部分，是指由保险公司经营的、营利性的医疗保障。社会医疗保险（social medical insurance）是社会保险（social insurance）的重要组成部分，是国家通过立法建立的医疗保险基金，强制性地由国家、单位和个人缴纳医疗保险费，当个人因疾病需要获得必需的医疗服务时，由社会医疗保险经办管理机构按规定提供医疗费用补偿的一种社会保险制度。

社会医疗保险制度是中国社会保障制度的重要组成部分。社会医疗保险基金是社会保障基金的组成部分之一。社会医疗保险基金是整个社会保险制度运行的物质基础。

3.1.2　经济福利相关概念

3.1.2.1　经济福利

福利分为个人福利和社会福利。个人福利是指一个人获得的满足，包括物质生活需要的满足和精神生活需要的满足。社会福利是指一个社会全体成员的个人福利的总和或个人福利的集合。社会福利中，能够直接或间接用货币来衡量的部分，称为经济福利。经济福利可以用货币单位来测度，是一个国家或经济体在一定的时期内（一般以年为单位）所有经济活动，对社会成员现在和将来福利所产生的影响（张伟，2010）。它是社会总福利中受经济因素直接和间接影响的那部分，准确界定它的内涵和外延是货币定量测度的基础。本研究中社会医疗保险制度的福利分配研究也是以社会福利为基础，重点分析其经济福利属性，并从福利经济学中汲取理论参考和方法支持。

3.1.2.2 社会福利函数

美国著名的经济学家保罗·萨缪尔森（2013）认为，福利经济学是一门关于组织经济活动的最佳途径、收入的最佳分配以及最佳的税收制度的学科。福利经济学的主要研究内容之一即国民收入如何进行分配，才能使社会全体成员的经济福利达到最大化。

1920 年，英国著名经济学家庇古在其《福利经济学》一书中指出，个人福利可以用效用来表示，整个社会的福利应该是个人的福利的简单加总。庇古总结出，国民收入水平越高，社会福利就越大；国民收入分配越平均，社会福利就越大。庇古时代的福利经济学称为旧福利经济学，其继承了英国效用主义伦理学的传统，用基数来度量个人的效用。

1934 年，约翰·希克斯和罗伊·艾伦在帕累托标准的基础上，引入了个人偏好来表示效用的序数概念，进行两个社会状态的比较，使福利经济学发展为新福利经济学，这在历史上被称为希克斯-艾伦革命。但到了 20 世纪三四十年代，肯尼斯·约瑟夫·阿罗的不可能性定理严重质疑了以帕累托标准为理论基础的新福利经济学。其理由为帕累托标准只是一个关于效率的标准，根本不涉及分配问题。为弥补以上缺陷，新福利经济学又提出了社会福利函数（social welfare function）。

经庇古的旧福利经济学和"希克斯-艾伦革命"的新福利经济学的争论与融合发展起来的现代福利经济学，揭示了完全市场竞争均衡和帕累托最优之间存在双重对应关系，这一双重对应关系即为福利经济学两大定律。福利经济学第一定律，又称为福利经济学基本定律，是指在完全竞争市场的经济体系中，如果存在着竞争性均衡，那么这种均衡就是帕累托最优。福利经济学第二定律指出，如果存在完全竞争市场并且满足有关个人效用函数和生产函数的某些条件，那么通过资源在个人之间合理再分配，竞争性均衡的结果是可以实现每一种帕累托最优状态。福利经济学第二定律表明，分配可以和帕累托效率分开，从任何一个初始分配出发，经自由交换都可以达到帕累托效率点。

在社会资源转移的过程中，用社会福利函数理论来衡量所有社会成员个人福利所得。福利经济学的"社会福利函数论"认为，国民收入总量增加，社会福利就增加；国民收入分配均等化程度越高，社会福利水平越高。提高效率、增进公平是提升社会福利水平的两种机制，效率是社会福利最大化的必要条件，公平分配是社会福利最大化的充分条件。对一个社会来说，社会福利水平的提升要有物质财富的增加，生产效率的提升，还要使社会收入分配实现某种程度的公平。有效率才有条件解决绝对贫困，但以效率为目的的生产和分配活动会产生贫富差距，解决差距必须通过再分配等社会政策。社会福利函数由美国的经济学家柏格森（A. Bergson）提出，后由萨缪尔森加以发展。典型的社会福利函数包括以下几类：

①功利主义社会福利函数：

$$W = \sum_{i=1}^{n} a_i u_i \tag{3-1}$$

其中 a 表示每个人非负权重，u 表示每个人的效用。当所有的社会成员的福利效用增加时，整个社会的总福利效用随之增加。

②贝尔努力-纳什社会福利函数：

$$W = \prod_{i=1}^{n} u_i \tag{3-2}$$

贝尔努力-纳什社会福利函数用连乘来计算全社会的福利总量，其更强调收入分配的平均。

③罗尔斯社会福利函数：

$$W = \min (u_i) \tag{3-3}$$

罗尔斯社会福利函数用社会福利效用最小个体的福利水平来代表整个社会的福利水平，只有当最小福利水平个体的福利增加时，才意味着整个社会的福利水平增加。

④柏格森-萨缪尔森社会福利函数：

$$W_x = f\{[u_1(x)，u_2(x)，\cdots，u_n(x)]\} \tag{3-4}$$

其中 $u_n(x)$ 为第 n 个人的效用函数。柏格森-萨缪尔森社会福利函数表明个人效用可以直接用来表示社会福利，并且表明个人效用是可比的，以及社会福利函数能够满足帕累托标准。从柏格森-萨缪尔森社会福利函数可以看出，任何一个人的社会福利效用的提高，都能增加整个社会的福利总量。同时也可以看出，如果社会生产没有增加，任何经济行为都是社会福利的再分配。

Dalton（1920）指出，在其他条件不变的情况下，人们偏好更加平等的收入分配，以期获得社会福利最大化。Atkinson（1970）也详细论述了福利分配公平性测量与社会福利函数之间的关系，这种测量一定存在与之相对应的社会福利函数。欧阳葵等（2013，2014）在充分分析边沁（Bentham）的个体效用的算术平均社会福利函数，罗尔斯（Rawls）的最差者决定效用的社会福利函数，以及纳什（Nash）的个体效用的几何平均福利函数后，与柏格森-萨缪尔森的社会福利泛函数进行对比，得出罗尔斯的社会福利函数能够满足不相关选择的独立性、序数可比性和最低正义要求；纳什的个体效用的几何平均福利函数能够满足不相关选择的独立性、匿名性、比率不可比性和最低正义的要求。

故本研究在约翰·E. 罗默的分配正义理论框架下分析中国社会医疗保险的福利分配效应，选择使用罗尔斯的社会福利函数作为分析的逻辑起点。

3.1.3　福利分配相关概念

现代社会福利制度是人类社会发展中最伟大的制度发明之一，人类通过各种类型的福利制度尝试避免影响人发展的饥饿、疾病、失业、贫困等问题的发生，并且通过福利制度实现社会资源的再分配和人类尊严的维护。

分配是通过某种制度安排来实现资源的有效配置。厉以宁认为市场经济条件下的收入分配包括三次分配。第一次是由市场按照效益进行分配；第二次是由政府按照兼顾效率与公平的原则，通过税收、扶贫及社会保障统筹等方式来进行第二次分配，通常也称为再分配；第三次是在道德力量的作用下，通过个人收入转移、个人自愿缴纳和捐献等非强制方式再一次进行分配。社会保障调节收入分配的功能体现在收入分配的多个层次中，包括初次分配、再分配，甚至三次分配。其中，社会保障在促进居民收入再分配方面的作用更加明显。

在初次分配领域，社会保障发挥着直接或间接的调节作用，社会保险和职业福利可以影响和改变初次分配的格局。通过包括工资、福利、保险等在内的薪酬体系的设计，来提高劳动者的总体报酬，进而实现初次分配领域中的调节。间接地看，社会保障通过合理的制度设计为低收入群体、贫困人口、失业人员、患病人员等群体提供帮助，可以促进其素质技能的提高和社会人力资本水平的提升，提高其获取更高收入的能力，这有利于增加个人和家庭的收入；社会保障通过减轻家庭负担间接提高家庭收入；社会保障通过免除劳动者的后顾之忧，为其提供良好的劳动环境，进而提高劳动效率，增加个人收入。

在再分配领域，社会保障的本质属性和制度设计决定收入再分配的调节作用。科学、合理的社会保障制度设计可以充分体现其本质属性——公共性、福利性、公平性和互助性，可以发挥出政府的主导和调节作用，运用社会保障的资源和机制，扶弱济困，防范各类风险。通过政府对社会保障的财政转移支付机制和社会保障的资金筹集与待遇支付机制，实现对弱者和贫困人口的直接帮助，进而实现不同人群之间的收入分配调节。其中，社会保险通过权利与义务关系的非完全对应性进行资金筹集与待遇支付，可以体现其调节收入分配的作用；社会福利和社会救助由于显著的福利性，其收入分配调节作用更加明显和突出。

第三次分配主要通过慈善和民间互助方式，在政府的倡导和政策引导下，通过社会上的自愿捐赠来筹集资金，帮助社会上的弱势群体，进而实现更高层次的收入分配。资金筹集除了来自社会，政府的投入也是一个重要渠道，包括直接的资金、物资投入，间接的政策和税收支持。在一个慈善事业发达的国家和社会，更容易筹集到更多的慈善资金，帮助更多的社会贫困人口，因而会对收入分配产生更加明显的作用。在中国的经济社会发展环境中，如果能够形成良好的慈善环境，大力发展慈善事业，必将更好地发挥社会保障的收入分配作用。

3.2 理论基础

3.2.1 医疗保险的有效需求理论与补偿原则

凯恩斯主义经济学从需求管理的角度，提出了有效需求不足理论和国家经济干预思想。根据凯恩斯的论述，有效需求是总需求和总供给函数的交点。凯恩斯有效需求的内涵，微观上，可以理解为支付能力和购买能力的需求；宏观上，就是整个社会的总供给和总需求的社会平衡。

根据凯恩斯的宏观经济体系，消费函数理论能够有效解释边际消费倾向递减规律。凯恩斯认为，一个人的消费水平受到这个人的收入水平的限制，消费是收入的增函数。虽然消费水平随着收入水平的提高而提高，但消费水平提高的速度会低于收入水平提高的速度，从而出现边际消费倾向递减的趋势。

用 C 表示消费，Y 表示收入，则消费函数可以用以下式子表示：

$$C=f\ (Y) \tag{3-5}$$

边际消费倾向是指收入每增加一个单位，消费增加的单位量。用以下公式表示：

$$MPC=\Delta C/\Delta Y \tag{3-6}$$

边际消费倾向递减规律是凯恩斯有效需求不足原因的三大基本心理规律之一，但其忽略了制度因素的产权制度和分配制度。刘洪军等（2001）在分配制度上，对凯恩斯的有效需求理论进行了修正，指出社会生活中个体分配的状况既决定个体的消费能力和消费行为，又决定消费者对未来的消费预期。

根据凯恩斯的边际消费倾向递减规律可以引申出必然的结论：穷人的消费倾向高于富人的消费倾向，应通过具有收入再分配功能的社会保险制度，实现从富人向穷人的转移支付，进而提高穷人的收入，才能提高低收入人群的有效需求，从而有效促进经济增长，进而提高整个社会的消费支出（封进，2019）。所以，社会保险体系是国家干预国民收入、降低国民储蓄、提高有效需求的一项至关重要的公共政策安排。

意大利经济学家帕累托提出，一个社会的生产资源配置是否已达到最优状态，可以按照以下标准来判断：在一种经济状况下，如果没有一种方法能在不使任何人境况变坏的前提下，使某些人境况变得更好，这就意味着一个社会在既定的生产技术和既定的每个消费者偏好函数条件下，已达到生产资源配置的最优状况。这一判断被称为"帕累托标准""帕累托法则"或"帕累托原理"。这一法则意味着，如果一项社会政策，改善了一部分人的境遇，也没有使另一部分人的境遇变坏，那这项社会政策就是可取的。如果一项政策只有一个人受损，根据帕累托法则这一政策也是不可取的，这说明了帕累托法则具有很强的限制性，适用面较为狭窄。

为了扩大帕累托法则的社会适用性，英国经济学家卡尔多（N. Kaldor）和英国学者希克斯（J. R. Hicks）先后对帕累托法则做了改进：政策改进的受益者在充分补偿损失者后，其状况仍然能够改善，则社会福利依然是改善的。从长远来看，如果一项政策能够有效地提高全社会的生产效率，尽管在短期内一部分人受损，但长期来看，所有人的情况都会因社会生产力的提高而自然得到补偿。西托夫斯基（T. Scitovsky）和李特尔（I. M. D. Little）在"卡尔多-希克斯"标准基础上，提出假想补偿和实际补偿相结合，才能使增加福利的标准成为充足的标准。李特尔提出的实际补偿就是指收入再分配。李特尔的社会福利改善状况的价值判断标准广泛地应用于社会再分配政策的评价。

3.2.2　社会医疗保险制度的福利效用理论

个体疾病风险的不确定性会造成社会福利效用的损失，社会医疗保险能够有效改善社会福利效用损失，所以，在现代社会，社会保险体系是现代化国家治理的重要公共政策安排。

根据富兰德等（2011）的医疗保险效用模型，社会医疗保险对福利效用的改善情况表现为，对疾病费用负担的风险减少，个体的福利效用增加（见图 3-1）。

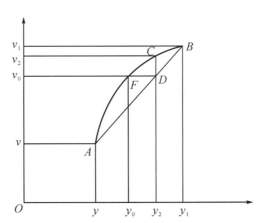

图 3-1　社会医疗保险对福利效用的改善情况

设某一个体的初始收入为 y，带来的福利效用为 v 的效用水平，此时处于 A 点。如果他的收入提高到 y_1，带来的福利效用提高到 v_1 的效用水平。根据福利效用递减原理，效用增加的幅度要小于收入增加的幅度。由于个体疾病风险的不确定性和环境因素等原因，一个个体的生病概率为 p，治疗该个体疾病的费用成本为 $y_1 - y_0$，对应的效用下降到 v_0，总效用减少了 $v_1 - v_0$ 个单位。在个体生病的情况下，收入期望 $E(W)$ 和福利效用期望 $E(U)$ 为

$$E(W) = (1 - p)y + py_1 = y_0 \qquad (3 - 7)$$
$$E(U) = v_0 \qquad (3 - 8)$$

社会中每个个体都有生病的风险，此时的期望效用为 $E(U)$ 对应的图 3-1 中的 F 点，此时对应的收入水平为 y_0。为了规避个体生病的风险，用 $y_1 - y_2$ 单位的收入购买了社会医疗保险，获得的期望效用在 C 点，对应的效用为 v_2，此时，购买医疗保险后，效用损失减少了 $v_1 - v_2$ 单位。从图中可以看出，$v_1 - v_2$ 要小于 $v_1 - v_0$ 的损失，因此，$v_2 - v_0$ 即为购买医疗保险的福利效应增加值，对应的成本支出为 $y_2 - y_0$。由于社会医疗保险集合了众多的参保者，用大数定律来分担参保者中的疾病费用负担风险，所以保费 $y_1 - y_2$ 的货币支出会远远小于 $y_2 - y_0$ 实际货币受益价值，从而有效增加了参保者的福利效用。

因此，社会医疗保险对不确定性支出的防范，化解了福利损失的风险，给参保者带来了确定性的福利效用增加。

3.2.3 社会医疗保险的再分配效应分析

社会医疗保险通过国家法律予以的保障，对社会成员的收入再分配进行直接调节和干预，这种调节和干预的主要目的就是避免社会成员因疾病造成过大的经济负担而陷入贫穷，从而保证社会的基本公平和公正。社会医疗保险通过个人的医保缴费和补偿，来补偿因疾病造成的社会福利的损失，从而弥补了因疾病支付费用造成的社会不平等。同时，从参保者身体状况考虑，社会医疗保险还实现了由健康者向非健康者进行的福利再分配。

社会医疗保险能够增加参保者的福利效用，每一个参保者都应该公平享有社会医疗保险带来的福利效用。再分配（redistribution）和社会公正（social fairness）功能成为社会保险的社会功能，是社会医疗保险的基本功能。社会医疗保险作为综合性的收入分配手段，在一定程度上具有收入再分配的功能，进而促进社会公正和社会公平的实现。一般可以通过测量医疗筹资公平性和医疗服务利用公平性来对医疗保险再分配公平性进行评价。

3.2.4 安德森卫生服务利用行为模型

安德森卫生服务利用行为模型是 Andersen R M 于 1968 年创建，是研究与分析卫生服务利用的最经典模型，广泛应用于卫生体系评价和卫生服务研究。安德森卫生服务利用行为模型也被称为医疗服务利用模型或医疗保健服务利用行为模式（the behavioral model of health services use）。安德森卫生服务利用行为模型是被国内外用来研究医疗服务利用所广泛采用的模型。安德森卫生服务利用行为模型对不同社会保险类型参保者的家庭医疗支出和住院医疗支出进行因素分析。

本研究假设用家庭医疗支出和住院医疗支出的货币量，来衡量参保者的医疗服务利用情况。安德森卫生服务利用行为模型中衡量医疗服务利用的因素主要包括三个维度的变量：倾向特征、能力资源和需求因素。其中，倾向特征主要包括人口学特征，例如年龄、性别等；能力资源是指个人获得卫生服务的能力，这与个体的经济状况相关，包括收入、受教育程度等；需求因素是指个人基于健康需要的特征，这与个人对卫生服务的认知需要和评估需要有关，尤其是指个体的大病和慢性病患病情况，以及自身的健康自评状况。

依据安德森卫生服务利用行为模型，本研究在分析社会保险制度时，将职工医保制度、新农合制度和居民医保制度的家庭医疗支出和个人住院医疗支出中的变量也分为三个维度：倾向特征，包括年龄和性别；能力资源，包括文化程度、个人初始年收入和婚姻状况等；需求因素，包括个人身体状况等。为消除区域之间的差异，另将省份作为区域因素纳入，消除固定效应。

3.3 研究方法

3.3.1 福利再分配效应测量

3.3.1.1 公平性指标测量

（1）洛伦兹曲线和基尼系数

如何判断一个社会收入分配的公平性，是学术界备受争议的研究话题。帕累托对收入分配提出帕累托最优理论后，洛伦兹和基尼用非参数的形式测量了收入分配的公平性。为了研究国民收入在国民之间的分配问题，美国统计学家洛伦兹 1907 年提出了著名的洛伦兹曲线。洛伦兹曲线

（Lorenz Curve）是在一个总体（国家、地区）内，以"最贫穷的人口计算起一直到最富有人口"的人口百分比对应各个人口百分比的收入百分比的点组成的曲线（封建强，2000）。

洛伦兹曲线能够描述分配的公平性，但没有一个确定的数值。基尼系数通过测量曲线之间的面积比值来描述洛伦兹曲线表示的公平性（朱博，2014）。将洛伦兹曲线与 45 度线之间的部分 A 作为"不平等面积"，当收入分配达到完全不平等时，洛伦兹曲线成为折线，与 45 度线之间的面积 $A+B$ 为"完全不平等面积"。不平等面积与完全不平等面积之比，称为基尼系数，是衡量一国收入分配差距的标准。基尼系数 $G = A/(A + B)$，基尼系数在 0 和 1 之间。$G = 0$，表示收入分配完全公平；$G = 1$，表示收入分配完全不公平。

根据欧阳蓉等（2013，2014）关于社会福利函数的分析，本研究选用了罗尔斯社会福利函数，假设最优收入分配是使社会福利最大化的收入分配，则公式为

$$\max W[u_1(x_1), u_2(x_2), \cdots, u_n(x_n)]$$

$$\text{s.t.} \sum_{i=1}^{n} x_i \leqslant Y \tag{3-9}$$

根据以上最优分配，可以定义基尼系数的计算公式如下所示：

$$G = \frac{1}{2(n-1)\sum x_i^*} \sum \sum |x_j^* - x_k^*| \tag{3-10}$$

其中，n 表示收入从低到高排序的 n 个个体，x_i^* 表示所有个体的收入取值，x_j^* 和 x_k^* 表示所有个体中任意两个个体收入的差值，此类算法是由基尼在估计收入的基尼系数时提出的。根据徐宽（2003）对于基尼系数推算方法的分析，对比几何法、平均差法和协方差方法的解析发现，这三种测算方法的结果是一致的。在 1912 年时，基尼就对几何法和平均差法进行了统一。特别是在用公式（3-10）测算基尼系数过程中，利用阿玛蒂亚·森的测算模型（1973），将高收入者在计算中所占的权重变小，低收入者的权重变大，这种思路与罗尔斯的社会福利函数［公式（3-3）］的定义相一致。

$$G = \frac{2\text{cov}(y_i, i)}{n u_y} = \frac{2}{n^2 \mu_y} \sum_{1}^{n} i y_i - \frac{n+1}{n} \tag{3-11}$$

其中，u_y 为样本均值，n 为样本总数。

从 Stata16 的帮助文件和陈宗胜（2018）关于中国居民收入分配的论述中可以看出，Stata 计算基尼系数的 conindex 命令和 sgini 命令是根据以上公式进行计算获得的结果。

（2）集中指数

集中指数来自集中曲线，集中曲线对不平等的测量原理来自洛伦兹曲线。集中曲线（concentration curve）可以衡量不同社会经济体之间由于收入或社会地位不同导致的不平等。使用集中曲线来衡量不平等的前提是能够将个人或者家庭的收入按照从高到低的方式进行排序（何利平 等，2015）。

集中指数的取值范围在-1 和 1 之间。如果集中度曲线和对角线一致，则表明医疗支出对于收入来说是完全平等的。如果医疗支出低收入人群累积占比超过其人口累积占比，医疗支出的分布偏向于穷人，说明穷人的医疗支出占比要高于富人。如果集中曲线其距离对角线更远，说明医疗需要的不公平程度更大，较低收入人群的医疗需求占比超过其人口累积占比，说明低收入人群的医疗需求占比要高于高收入人群。

$$C = \frac{2}{n\mu} \sum_{i=1}^{n} y_i R_i - 1 = \frac{2}{\mu} \text{cov}(y_i, R_i) \tag{3-12}$$

其中，i 表示按照参考指标排序后的次序数，n 为样本观察数，μ 是集中指数测量指标的均值，y_i 代表第 i 个个体集中指数测量的指标具体数值情况，R_i 为第 i 个测量个体参考指标分布中的分数秩次（fractional rank），其数值表示为

$$R_i = \sum_{j=1}^{i-1} w_j + \frac{1}{2} w_i \tag{3-13}$$

其中，w_i 是样本 i 的比重权重。

3.3.1.2　MT 指数测量

由第 2 章可知，国内外在分析卫生筹资和卫生服务利用支出时，经常采用 MT 指数来分析。MT 指数即卫生筹资测量指数，通过筹资前后的洛伦兹曲线面积之间的比例来获得：

$$\text{MT} = \frac{E_a}{E_b} \tag{3-14}$$

E_a 为筹资后收入分布的洛伦兹曲线面积，E_b 为筹资前收入分布的洛伦兹曲线面积，后文使用中变形为基尼系数之差来测算：

$$MT = G - G^* \qquad (3-15)$$

G 为初始收入的基尼系数，G^* 为医疗保险缴费后或者医疗费用补偿后的基尼系数。若 MT>0，表明医疗保险缴费后或医疗保险补偿后，改善了低收入群体的收入分布，收入再分配有有利于低收入群体；如果 MT<0，表明医疗保险的收入再分配效应为负，存在低收入群体对高收入群体的"逆向再分配"问题。

3.3.2 AJL 再分配效应分解模型

第 2 章已提出，按照 Aronson et al.（1994）的方法和观点，卫生筹资的再分配效应可以分解为垂直效应（vertical effect）、水平效应（horizontal effect）和再排序效应（reranking effect），由三个作者姓氏的首字母（作者 J. Richard Aronson、Paul Johnson 和 Peter J. Lambert 的姓氏的首字母 AJL）命名为 AJL 模型（曹阳 等，2015）。其中，垂直效应受卫生筹资的累进性或累退性的影响，即筹资能力与支付能力有关。垂直效应能够说明，支付能力高的人是多支付了，还是少支付了；水平效应是指具有相同支付能力的人实际支付应该相同，一般利用收入分组来衡量水平效应；再排序效应是指支付后收入排序变化对卫生筹资公平性的影响程度。

在第 2 章中，Aronson et al.（1994）把 RE 分解为公式（2-17），即 $RE = V - H - R$。

在公式（2-17）中，V 为垂直再分配效应，H 为水平再分配效应，R 为再排序效应。

首先，V 表示垂直再分配效应，用来研究再分配中的累进性。V 可以通过以下计算公式获得：

$$V = \left(\frac{g}{1-g} \right) K \qquad (3-16)$$

其中，g 表示医保缴费占收入的比例，K 为 K 指数（Kakwani，1984）。

K 指数可以通过以下计算公式获得：

$$K = C^{pay} - G^x \qquad (3-17)$$

其中，C^{pay} 为按照医保缴费之前初始收入排序测算出的医保缴费的集中指数，G^x 为医保缴费之前的收入基尼系数。根据公式（3-17）可以看出，K 指数是按照医保缴费根据——初始收入排列，计算出的集中指数与初始收入基尼系数的差值。

如果 K 值为正，说明医保缴费的集中指数大于医保缴费之前初始收入的基尼系数，医保缴费额在人群中的分布比筹资前初始收入在人群中的分布更不公平，高收入人群的医保缴费额集中程度要大于相应的医保缴费前初始收入集中程度，医保缴费在整个人群中是累进的，K 值越大，累进性越强，收入越高的人群负担越重。

如果 K 值为负，说明医保缴费的集中指数小于医保缴费之前初始收入的基尼系数，医保缴费额在人群中的分布比缴费前初始收入在人群中的分布更不公平，低收入人群的医保缴费额集中程度要大于相应的医保缴费前初始收入集中程度，医保缴费在整个人群中是累退的，K 值越小，累退性越大，收入越低的人群负担越重。

在公式（3-16）中，g 被定义为医保缴费占初始收入的比例。除医保缴费的累进性和累退性会影响卫生筹资的再分配效应以外，g 对再分配效应的影响也很大。医保缴费比例越高，对再分配的影响也越大。从 K 值和 g 值的分析可以看出，K 值是表明医疗保险缴费的累进程度或者累退程度的指标，通过与 g 值相乘，得到的 V 值，说明了在不同的医保筹资水平下，再分配的垂直公平程度。由于 $\dfrac{g}{(1-g)}$ 为正值，K 值绝对值越大，V 值绝对值也越大，公平性也越差。

其次，H 为水平再分配效应，即在同一个收入水平组中，个人的医保缴费应该是相同的。在测算 H 时，应先根据收入水平进行分组，再计算每一分组筹资后的基尼系数，并用人口比例和收入比例进行调整。

$$H = \sum \alpha_s G_s \qquad (3-18)$$

$$\alpha_s = P_s * \mathrm{Pay}_s \qquad (3-19)$$

其中，P_s 是指第 s 分组人口占总人口的比例，Pay_s 是指第 s 分组的收入占总收入的比例，G_s 是指第 s 分组在医保缴费后收入的基尼系数。假设同一个分组中的个人收入是相同的，相同的收入其医保缴费也是相同的，那么，在医保缴费后，收入分布在各组中应该是公平的，所以，每一组的基尼系数应该为 0，H 也为 0。

最后，筹资再分配公平性的基本保证之一是要保证医保缴费前和缴费后个人收入排位不变，R 用来衡量缴费前后的排位变化，即对再排序效应进行研究。R 用医保缴费后收入分布的洛伦兹曲线和医保缴费后收入分布的集中曲线之间的差额来测度，表示为以下公式：

$$R = G^{X-P} - C^{X-P} \qquad (3-20)$$

其中，G^{X-P} 是医保缴费后收入的基尼系数，C^{X-P} 为按照医保缴费之前的收入排序的筹资后集中指数。

根据医疗保险筹资与利用的过程来看，产生再分配效应的有医保筹资、医疗服务利用支付和医疗保险补偿三个过程。Aronson et al. 在 1994 年就提出了较为完备的再分配分解方式，国内较早的应用是应晓华在其 2003 年的博士论文中使用了 Aronson et al. 的分解方式进行了卫生筹资再分配效应分解。近期的宋泽在 2015 年的博士论文中使用这种方法对中国基本医疗保险的职工医保制度、新农合制度和居民医保制度，进行了医保筹资再分配效应的分解研究。但是，有关医保筹资和利用的链条还没有结束，所以，再分配效应还没有结束，后面的医疗费用支出和医保基金补偿都是再分配的必要环节和必经过程。并且，医疗保险缴费的覆盖面较大，缴费率较低，再分配的效应较小；而医疗费用发生的范围较小，额度较大，从而补偿额度也较大，这样就会产生较大的再分配效应。医疗费用支付后和医保基金补偿后的再分配效应如何，是本研究的重点所在。

3.3.3　因素分析

3.3.3.1　多元线性回归分析

在分析实际问题时，一个变量往往受到多个变量的影响。本研究中的家庭卫生支出和住院医疗支出都会受到家庭或者个人收入、社会医疗保险参保情况、居住地类型和文化程度等因素的影响，所以，本研究选择使用多元线性回归模型为倾向得分匹配分析选择相关变量。

多元线性回归模型的一般形式为

$$Y = \beta_0 + \beta_1 X_1 + \beta_2 X_2 + \beta_3 X_3 + \cdots + \beta_K X_K + \mu \qquad (3-21)$$

其中，K 为解释变量的个数，β_j 为回归变量的回归系数。多元线性回归系数一般通过最小二乘法来估计。最小二乘法（Ordinary Least Squares，OLS）是利用符合偏差值加总为零的许多条直线中，找出一条偏差值平方和最小的直线，作为自变量和因变量之间的关系。但多元线性回归模型要符合以下基本假设。

假设 1：回归模型是正确设定的。

假设 2：解释变量具有变异性，并解释变量之间不存在严格的线性相关。

假设 3：随机干扰项具有条件零均值性。

假设 4：随机干扰性具有条件同方差和不序列相关性。

假设 5：随机干扰性满足正态分布。

本研究主要通过多元线性回归分析来寻找影响参保者家庭医疗支出和住院医疗支出的因素。

3.3.3.2 倾向得分匹配分析

一般多元线性回归分析没有脱离相关关系的依赖，并不能明确回答自变量和因变量之间的因果关系（causal relationship）。近几十年，依据反事实理论发展起来的反事实分析框架（counterfactual framework），也称为鲁宾因果模型（Rubin Causal Model，简称"RCM 模型"），成为被反复使用的一个因果推论框架。

倾向得分匹配分析的理论依据是反事实理论。反事实，是指同我们能够观察到的与现实情况相反的一种状态。一般来说，辨别事实和反事实的依据在于我们是否能够直接观察到。事实是能够被我们用感官直接观察到的事物或者物质的某种属性；反事实即为同一事物或物质的某一变量的相反的一种状态。反事实理论，即为一个变量 X 对于另一个变量 Y 的因果性效果，是 X 成立时 Y 的事实状态与 X 不成立时 Y 的反事实状态之间的差异。如果这种差异在统计学上有意义，则说明变量 X 对变量 Y 是有因果效果的，否则，二者之间没有因果关系。

倾向得分匹配分析的逻辑思路根据反事实分析框架展开。Rubin（1997）提出反事实框架。以虚拟变量 $D_i = \{0\ 1\}$ 表示个体 i 是否参与研究的项目，取值为 1 表示参加，取值为 0 表示没有参加，一般称 D_i 为处理变量（treatment variable），关心的结果变量（outcome of interest）为 y_i。根据 D_i 的取值不同，未来的 y_i 有两种状态：当 $D_i=1$ 时，$y_i=y_{1i}$；当 $D_i=0$ 时，$y_i=y_{0i}$，$(y_{1i}-y_{0i})$ 即是个体 i 参加项目的因果效应。如果一个个体 i 参加了项目，就只能观察到 y_{1i}，观察不到 y_{0i}。反之，如果一个个体没有参加项目，只能观察到 y_{0i}，观察不到 y_{1i}。一个个体只能处在一个状态下，要么参加项目，要么不参加项目，即只能观察到 y_{0i} 和 y_{1i} 的其中之一，无法同时观察到一个个体的两个状态。

为了让事实和反事实更加接近，一般研究中都力争找出与每个个体都极为类似的其他个体为"反事实个案"。寻找其他极为类似个案的过程就是如何避免"混淆变量"的过程。具体方法一般有随机实验和常规统计模型。随机实验通过对实验过程的随机化来保证对照组和实验组之间混淆变量的相似性，从而减小随机误差，使结果变量的差异集中在研究的效应上，从而能够建立较强的处理变量和结果变量之间的因果效应。随机实验主要通过实验研究（experimental study）来实现。而常规的统计模型对应的研究为观测性研究（observational study），观察者不能预先分配研究个案的分组，因为如果个案分组的随机化不能实施，就不能控制研究的混淆变量。倾向得分匹配（propensity score）分析主要用于观察性研究的混淆变量的控制。

倾向得分匹配分析按照以下统计方法展开。根据反事实分析框架，倾向得分匹配分析的基本原理可以用以下统计学方法来解释，因果关系可以表示为

$$T = \pi[E(Y_1|W=1)-E(Y_0|W=1)]+(1-\pi)[E(Y_1|W=0)-E(Y_0|W=0)]$$
$$= [\pi E(Y_1|W=1)+(1-\pi)E(Y_1|W=0)]-$$
$$[\pi E(Y_0|W=1)+(1-\pi)E(Y_0|W=0)] \tag{3-22}$$

以上公式的 T 表示因果关系，π 是调查对象在实验组中的比例，$1-\pi$ 就是调查对象在对照组的比例。$W=1$ 表示在实验组，$W=0$ 表示在对照组。Y_1 和 Y_0 表示在实验组和对照组的取值。$E(Y_1|W=1)$ 和 $E(Y_0|W=0)$ 是可以观测到的，而 $E(Y_0|W=1)$ 和 $E(Y_1|W=0)$ 都是反事实。其因果关系即为实验组中的个体事实与反事实之间的差异和对照组个体事实和

反事实之间差异的加权平均值。但是，反事实是观察不到的，应用非混淆假设，即为

$$E(Y_0|W=1)= E(Y_0|W=0) \text{和} E(Y_1|W=1)= E(Y_1|W=0) \quad (3-23)$$

简化后，变成如下公式：

$$T= E(Y_1|W=1)-E(Y_0|W=0) \quad (3-24)$$

这样才能直接观测到 Y_0 和 Y_1，得到有效的因果关系结论。在研究中，要实现非混淆假设成立，就应该使混淆变量 X 满足下式：

$$E(Y_0|W=1,X)= E(Y_0|W=0,X) \text{和} E(Y_1|W=1,X)= E(Y_1|W=0,X)$$

$$(3-25)$$

对所有的混淆变量通过逻辑回归转化成一个特定的倾向值 P，使下式成立：

$$E(Y_0|W=1,P)= E(Y_0|W=0,P) \text{和} E(Y_1|W=1,P)= E(Y_1|W=0,P)$$

$$(3-26)$$

本研究利用倾向得分匹配来进行除去社会医疗保险参保类型以外的协变量之间的匹配，并比较参加社会医疗保险的个体与没有参加社会医疗保险的个体之间的家庭医疗支出和个人住院医疗支出之间的差异。通过倾向得分匹配实现了这种是否参加社会医疗保险的反事实框架下的社会医疗保险制度对医疗支出的因果推论关系。

3.3.3.3 分位数回归分析

分位数回归是由凯恩克（Koenker）和巴西特（Bassett）提出的将条件分位数模型化为预测变量的函数（保尔·D. 埃里森 等，2011）。分位数回归克服了传统回归对自变量和因变量条件分布为对称分布的严格限制，来估计自变量对因变量条件估计的若干重要分位数，就能使自变量对因变量的条件分布有更全面的认识。同时，分位数回归也克服了普通最小二乘法要求目标函数的残差平方和为最小的约束，避免了极端值对回归的影响，通过分位数回归，能够检验预测变量对因变量分布的影响。

根据陈强（2010）对于分位数回归的估计方法，分位数回归模型：

$$y_q(x_i) = x'_i \beta_q \quad (3-27)$$

其中，β_q 是 q 分位数回归系数，且估计量 $\hat{\beta}_q$ 最小化定义如下：

$$\min_{\beta_q} \sum_{i: \ y_i \geqslant x'_i \beta_q}^{n} q \left| y_i - x'_i \beta_q \right| + \sum_{i: \ y_i < x'_i \beta_q}^{n} (1-q) \left| y_i - x'_i \beta_q \right| \qquad (3-28)$$

由于样本分位数回归系数 $\hat{\beta}_q$ 是总体分位数回归系数 β_q 的一致估计量，且服从渐进分布，则：

$$\sqrt{n}(\hat{\beta}_q - \beta_q) \xrightarrow{d} N(0, \ Avar(\hat{\beta}_q)) \qquad (3-29)$$

分位数回归参数的估计避免了线性回归模型要求数据对称分布的限制，对于偏态分布，采用分位数回归测量集中趋势更适合，因为分位数回归估计是协变量对条件分位数的影响效应，即使分布是偏态的，估计的参数也代表分布的中心位置。

根据郝令昕等人（2012）的论述，分位数回归的参数估计可以通过渐进法（asymptotic procedure）分析，也可以通过自举法（bootstrap method）进行。自举法是一种蒙特卡洛（Monte-Carlo）方法，通过参数的抽样分布来估计参数，Stata16 通过 sqreg 命令完成自举法的分位数回归分析。

本研究主要使用线性回归来完成倾向得分匹配分析的变量筛选，根据安德森卫生服务行为利用模型来对各类变量进行统计学相关性检验；使用倾向得分匹配分析主要是对影响家庭医疗支出和个人住院医疗支出的各类协变量，进行与是否参保之间的匹配，保证社会医疗保险制度对因变量的因果效应；采用分位数回归分析，研究不同分位数上的年龄、初始收入和身体状况等因素对医保基金补偿净福利的影响，了解不同分位数的净福利分配是否有影响以及影响程度。

3.4　技术路线

本研究的技术路线如图 3-2 所示：

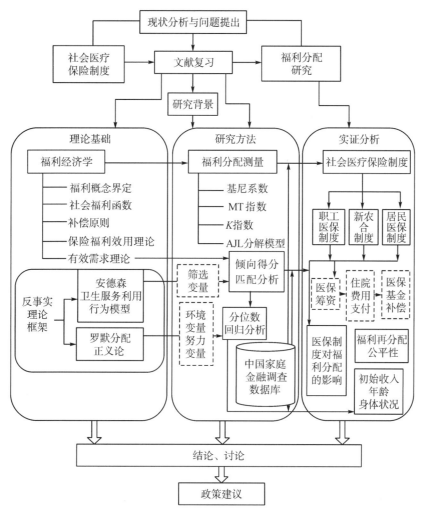

图 3-2   技术路线图

3.5   本章小结

为了界定研究范围、明确研究对象，本章首先对本研究使用的概念进行了详细的界定。首先，对福利经济学中的福利、经济福利和社会福利等重要概念进行了详细的说明；其次，对中国现行的社会医疗保险制度涉及的概念和术语进行了说明，以方便后文叙述；最后，对研究方法进行了阐述，在明确研究目的和研究目标的基础上，以正确的理论分析为研究起点，利用合适的分析方法来处理数据，从理论到实证，以期获得更有说服力的结论。

其中，社会福利函数的选择和基尼系数的测量，是本章的核心内容。因为在研究福利分配的文献中，都提出均等化的分配会使社会福利最大化，所以本研究以罗尔斯的社会福利函数作为分析的逻辑起点，利用基尼系数和 MT 指数，对中国社会医疗保险各运行环节进行福利逆向再分配效应分析。

本章的技术路线图表明了理论基础、研究方法和数据来源的融合过程，为后续章节的实证分析提供理论框架。

4 数据来源和资料说明

本章对研究使用的中国家庭金融调查的情况进行了概括说明。内容包括中国家庭金融调查数据的来源、时间和样本信息，还有调查获得的数据库中各类信息的处理标识方式，为后文对数据库的整理、分析和表述提供统一标准。

4.1 中国家庭金融调查实施情况

本研究使用的数据来自西南财经大学中国家庭金融调查与研究中心的"中国家庭金融调查（China Household Finance Survey，CHFS）"项目。中国家庭金融调查是西南财经大学中国家庭金融调查与研究中心自 2009 年以来，每两年进行一次的中国家庭金融调查项目。到目前为止，已经于 2011 年、2013 年、2015 年和 2017 年分别在全国范围内实施了家庭随机抽样调查。

本研究选用的是 2015 年的第三轮全国性调查和 2017 年的第四轮全国性调查。第三轮调查的样本覆盖全国 29 个省（自治区、直辖市），351 个县（区、县级市），1 396 个村（居）委会，样本规模为 37 289 户。第四轮调查的样本覆盖全国 29 个省（自治区、直辖市），355 个县（区、县级市），1 428 个村（居）委会，样本规模为 40 011 户。

中国家庭金融调查中心将中国家庭金融调查数据放在网址为 https://chfs.swufe.edu.cn/的网站上，供研究者获取。

4.2 中国家庭金融调查数据库说明

4.2.1 中国家庭金融调查问卷说明

2015 年中国家庭金融调查的问卷包括了 2017 年的前四部分。2017 年的调查问卷包括以下六个部分。

第一部分是人口统计学特征，包括受访者家庭成员的姓名、性别、年龄、家庭住址、婚姻状况、身体状况和户口类型等信息。部分敏感信息包括姓名、家庭住址等信息在数据库中已经过滤，在对外公布的数据库中不显示。问卷的第一部分还包括了家庭成员的工作、收入等信息。

第二部分是资产与负债，即受访家庭的工商业经营情况。包括参与的工商业经营项目、土地和商铺租赁、自有住房和车辆情况等项目，还包括家庭存款、股票、基金、债券、黄金和其他理财产品等项目的调查。负债方面的调查包括教育负债、医疗负债等情况。

第三部分是保险与保障，包括家庭成员的社会保障，其中包括社会养老保险及企业年金、医疗保险、失业保险、住房公积金等；商业保险包括商业人寿保险、商业健康保险和其他商业保险等。

第四部分是支出与收入，包括消费性支出、转移性支出和其他支出；转移性收入和其他收入。

第五部分是金融知识、基层治理与主观评价，包括对金融风险的认识等；对陌生人的信任程度和个人的主观幸福感。

第六部分是家庭成员教育，包括家庭成员的文化程度、学位授予的国家和年份等。

本研究使用了 2017 年中国家庭金融调查问卷中的部分问题，详见附录。

4.2.2　数据库文件说明

中国家庭金融调查与研究中心发布的数据变量说明中指出，2017 年发布的调研数据集有 Stata 数据库类型的 3 个文件。

数据集文件名中含有"hh"，代表问卷中家庭部分的数据，其中包括的变量有：资产与负债，家庭的支出与收入，金融知识、基层治理与主观评价等。2017 年的文件名为：hh2017_20191120_所有_version14.dta。

数据集文件名中含有"ind"，代表问卷中个人部分的数据，其中包括的变量有：人口统计特征（部分），个人工作及收入信息，保险与保障，家庭成员教育等。2017 年发布的文件名为：ind2017_20191202_所有_version14.dta。

数据集文件名中含有"master"，代表的是地区数据，具体包括调查的省份信息和每次调查数据的权重变量。2017 年发布的文件名为：chfs2017_master_city_20191120_version14.dta

4.2.3　数据库权重说明

在进行调查设计时，由于每户家庭被抽中的概率不同，不同省份和地区每户家庭代表的中国家庭数量也就不同。在推断总体的时候，需要通过权重的调整来真实准确地反映每户样本家庭代表的家庭数量，以获得对总体的正确推断。中国家庭金融调查的所有计算结果都经过抽样权重的调整。

在 master 数据集中含有权重变量：$swgt$。

其抽样权重的计算方法如下：

根据每阶段的抽样分别计算出调查市县被抽中的概率 P_1、调查社区（村）在所属区县被抽中的概率 P_2 以及调查样本在所属社区（村）被抽中的概率 P_3，分别计算出三阶段的抽样权重 $W_1 = 1/P_1$、$W_2 = 1/P_2$、$W_3 = 1/P_3$，最后得到该样本的抽样权重为 $W = W_1 \times W_2 \times W_3$，即 $swgt =$ 这个社区被抽中概率的倒数。为得出更准确的结论，中国家庭金融调查中心建议数据使用者在分析时使用抽样权重变量对样本做出相应调整。

4.3　数据整理过程说明

4.3.1　本研究使用变量缺失数据处理说明

社会调查普遍存在实际困难，比如在进行入户调查访问过程中，会受被调查者诸多主客观因素影响，因受访者主观认识以及态度、访员理解或填答错误等原因，不可避免会产生一定的数据缺失值。

按照中国家庭金融调查与研究中心提供的资料，对数据库中缺失值的定义如下说明：数据值为".d"，说明受访者不知道如何回答，访员选择了"不知道"，一般这类缺失值是由于该选项在问卷题目中没有，访员不知道如何填写，所以造成数据缺失。数据值为".r"，说明受访户拒绝回答该问题，访员选择了"拒绝回答"。

本研究在数据清理阶段，考虑到实际需要，对部分需要的变量进行了插值处理。例如，家庭收入数值，通过区间范围估计出中间值作为插值估计。如果没有区间估计的记录，对该条记录进行了删除处理。又如，参保者医保缴费数据处理，一般通过分组均值来填充。特别是在 2017 年职工医保缴费数据缺失较为严重，本研究将样本人群的年度收入进行 20 等份分组，用每个分组的均值来填充缺失值。

数据库中不影响本研究的变量缺失值，没有进行处理。

4.3.2 本研究使用数据集横向合并说明

社会医疗保险的福利分配研究涉及职工医保制度、新农合制度和居民医保制度。为了分析不同地域是否存在社会医疗保险福利分配不同的问题，需要将个人数据库、家庭数据库和权重数据库中的有关字段合并到分别的职工医保数据库、居民医保数据库和新农合数据库。

在分析个人社会医疗保险参保情况时发现，有的被调查者的社会医保参保情况存在重复参保问题。对待该问题的处理方法是：如果同时参加了职工医保制度和新农合制度，按照职工医保制度对待；如果同时参加了居民医保制度和新农合制度，则按照居民医保制度对待；如果三者都参加了，删除这种记录。

4.3.3 计算个人年度收入

对个人收入进行核算。根据相关文献，参照北京大学中国家庭追踪调查（China Family Panel Studies，CFPS）对个人收入分析计算的方法，本研究使用了个人的工资性收入、奖励性收入、津贴性收入，并在扣除纳税部分后作为个人的年度收入，农村地区对应的收入是土地经营收入、转移支付等。对比中国家庭金融调查发布的个人年度收入情况分析，本研究所做的年度收入基本相符。2017 年各省份人均收入如表 4-1 所示。

表 4-1　2017 年各省份人均收入

省份	全部人均/元	标准差	样本数/个	非缺失值人均/元	标准差	样本数/个
北京市	26 583.39	86 641.97	3 611	77 413.41	133 918.27	1 240
天津市	15 205.23	31 299.93	2 790	47 558.96	39 066.18	892
河北省	9 898.87	25 277.32	5 319	34 323.40	37 116.34	1 534
山西省	7 056.53	16 527.84	4 770	26 461.98	22 606.76	1 272
内蒙古自治区	8 414.19	25 668.29	1 376	36 181.04	42 803.45	320
辽宁省	11 899.11	30 488.94	6 087	38 608.67	44 559.03	1 876
吉林省	6 526.89	18 189.54	4 414	30 746.72	28 538.40	937
黑龙江省	7 576.25	18 328.92	3 748	29 486.79	25 725.15	963
上海市	26 023.37	67 796.79	4 742	77 758.56	98 562.45	1 587
江苏省	14 993.37	30 900.76	5 514	44 785.18	38 964.49	1 846

表4-1(续)

省份	全部人均/元	标准差	样本数/个	非缺失值人均/元	标准差	样本数/个
浙江省	17 242.04	38 609.18	6 724	52 270.27	51 852.25	2 218
安徽省	8 779.87	20 234.69	3 358	32 868.22	27 228.93	897
福建省	12 940.40	30 235.50	5 751	43 571.57	41 761.07	1 708
江西省	8 482.55	20 252.24	2 844	36 006.53	27 394.77	670
山东省	12 245.07	27 457.12	6 313	40 304.02	36 753.57	1 918
河南省	7 561.75	19 831.88	4 232	29 548.77	29 793.70	1 083
湖北省	11 375.99	32 581.10	5 014	40 281.93	50 947.63	1 416
湖南省	9 820.95	27 526.26	5 182	35 122.26	42 682.65	1 449
广东省	19 395.60	81 283.68	10 266	60 724.36	134 830.98	3 279
广西壮族自治区	7 054.57	17 454.52	3 056	30 026.12	24 645.28	718
海南省	6 607.53	16 979.22	3 607	28 339.32	24 920.03	841
重庆市	9 772.71	25 975.20	4 462	37 852.29	39 385.52	1 152
四川省	10 425.11	30 058.22	5 458	40 876.61	47 946.20	1 392
贵州省	6 842.28	19 606.58	2 564	33 933.50	31 437.95	517
云南省	6 371.82	18 290.00	3 585	31 992.98	29 337.48	714
陕西省	10 413.87	24 404.82	4 161	34 749.10	33 796.43	1 247
甘肃省	7 874.61	18 222.47	2 937	31 295.98	24 229.03	739
青海省	9 224.76	21 614.21	2 891	36 383.07	29 240.23	733
宁夏回族自治区	8 168.14	17 558.59	1 723	28 663.34	22 244.31	491
合计	12 061.89	39 079.35	126 499	42 801.13	64 059.26	35 694

注：本数据来源于2017年中国家庭金融调查数据库。

4.3.4 根据社会医疗保险类型进行数据库重建

根据研究设计，将中国家庭金融调查2015年和2017年的原始数据库，按照参保类型分为了城镇职工基本医疗保险、新型农村合作医疗保险和城乡居民医疗保险三个数据库。其中，由于从2014年开始，我国部分地区就对新型农村合作医疗和城镇居民基本医疗进行了并轨运行，或者进行了制度的合并，称之为城乡居民基本医疗保险，现行的城乡居民基本医疗保险制度的主体基本上沿用了城镇居民基本医疗保险制度的政策框架。为了体现居民医保制度的这种发展性、演进性和动态性，本研究将城乡居民基

本医疗保险和城镇居民基本医疗保险整合在一起进行分析，后文简称为
"居民医保制度"。2017 年中国家庭金融调查社会医疗保险参保者分布情
况如表 4-2 所示：

表 4-2 2017 中国家庭金融调查社会医疗保险参保者分布情况

社会医疗保险类型	样本个数/个	所占比例/%	累计比例/%
城镇职工基本医疗保险	25 964	20.76	20.76
城镇居民基本医疗保险	17 610	14.08	34.84
城乡居民基本医疗保险	3 551	2.84	89.43
新型农村合作医疗保险	64 705	51.74	86.59
公费医疗	1 480	1.18	90.61
以上都不是	11 742	9.39	100
总和	125 052	100	—

注：本数据来源于 2017 年中国家庭金融调查数据库。

在分析中国社会医疗保险对于家庭医疗支出和个人住院医疗支出时所
涉及省份的影响，表 4-3 列出了本研究使用的三类社会医疗保险在 29 个
省、自治区和直辖市的分布情况。

表 4-3 各省 2017 年各类社会医疗保险样本数 单位：个

省份	职工医保制度	新农合制度	居民医保制度	合计
北京市	851	128	100	1 079
天津市	627	115	83	825
河北省	511	778	120	1 409
山西省	407	604	125	1 136
内蒙古自治区	112	152	38	302
辽宁省	1 117	434	216	1 767
吉林省	346	369	157	872
黑龙江省	493	211	195	899
上海市	1 070	97	311	1 478
江苏省	921	555	199	1 675
浙江省	983	853	177	2 013
安徽省	258	424	99	781
福建省	604	669	229	1 502
江西省	220	238	117	575
山东省	961	634	191	1 786

表4-3(续)

省份	职工医保制度	新农合制度	居民医保制度	合计
河南省	336	549	94	979
湖北省	505	574	173	1 252
湖南省	448	684	178	1 310
广东省	1 411	1 021	372	2 804
广西壮族自治区	250	295	62	607
海南省	298	271	145	714
重庆市	450	459	158	1 067
四川省	555	522	165	1 242
贵州省	168	236	36	440
云南省	211	339	65	615
陕西省	428	499	140	1 067
甘肃省	232	313	128	673
青海省	302	292	85	679
宁夏回族自治区	163	234	55	452
总　计	15 238	12 549	4 213	32 000

注：本数据来源于2017年中国家庭金融调查数据库。

从2017年的29个样本省（自治区、直辖市）三类社会医疗保险的分布来看，总共有样本32 000个。其中，职工医保制度样本数为15 238个，新农合制度样本数为12 549个，居民医保制度样本数为4 213个，根据数据的质量和分析的需要，本研究在后续福利分配分析中使用了职工医保制度样本12 683个，新农合制度12 549个，居民医保制度中有城镇居民基本医疗保险3 420个和城乡居民基本医疗保险793个。

从2014年开始，国务院要求各省（自治区、直辖市）尽快推进新农合制度和城镇居民医保制度的合并，逐步实现城乡统筹，提高参保居民医疗服务利用的公平性，加大居民医保基金筹集力度，增强基金的抗风险能力，使城乡医保基金能更好地发挥其福利分配作用。

从国家统计局公布的《中华人民共和国2019年国民经济和和社会发展统计公报》可以看出，新农合制度的参保者已不再统计在内，社会医疗保险统计只包括了职工医保制度和城乡居民医保制度。部分地区在城乡居民医保制度筹资和补偿政策的制定过程中，采用了"一制两档"或"一制多档"的方式来适应"城乡二元"现状，在实际管理中，一些地方至今一直沿用"新农合"的称谓。因此，2015年和2017年的中国家庭金融调查一直将社会医疗保险分为以上三类。本研究也尊重原始数据的真实性，按照职工医保制度、新农合制度和居民医保制度的分类进行分析。由于城乡居民医保制度的样本较少，且考虑到其与城镇居民医保制度的相似性较大，所以在研究中将城乡居民医保制度和城镇居民医保制度两类样本均放在居民医保制度中一并分析。

4.4 指标体系数据分布描述

4.4.1 数据指标体系描述

根据研究目标，本研究将中国家庭金融调查数据库整理成职工医保制度、新农合制度和居民医保制度三个独立的数据库，整理数据指标体系如图 4-1 所示。

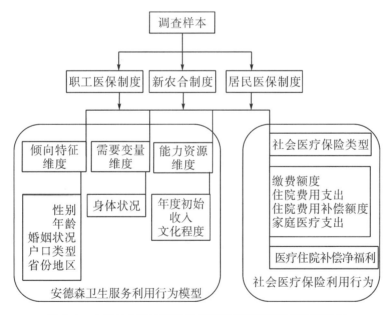

图 4-1 中国社会医疗保险制度福利分配研究数据指标体系

从上图可以看出，本研究的调查样本根据中国社会医疗保险制度分成了三个类别，包括职工医保制度、新农合制度和居民医保制度。各类社会医疗保险制度的数据分成了两个层面：一个层面是参保者属性层，按照安德森卫生服务利用行为模型分成了三个维度，分别包含了性别、年龄、身体状况和年度初始收入等；另一个层面就是社会医疗保险利用行为，包括了社会医疗保险的参保类型，以及有关的医保缴费、住院费用支付和住院费用补偿额度等信息。

4.4.2 职工医保制度数据分布描述

社会医疗保险制度作为中国社会保障体系的重要组成部分，对推进全民健康，实现"健康中国 2030 规划纲要"起到重要的制度保障和经济支撑作用。职工医保制度是中国实施时间最长、制度最完善的社会医疗保险制度。本节仍选取 2015 年和 2017 年的两次中国家庭金融调查数据作为分析基础，对职工医保制度数据进行研究。

（1）职工医保制度参保者缴费分布情况

从表 4-4 的职工医保制度参保者年度缴费情况来看，社会医疗保险缴费项目数据缺失率较高，调研数据填报完整的占样本总体仅为 45.92%。为了与 2015 年进行比较，将回答"不知道"的样本按照初始收入划分为 20 等份，求每一等份医保缴费的均值，用所在初始收入等份医保缴费均值来填充"不知道"，使医保缴费非零值上升到 84.47%。从数据填补前后医保缴费数据分布检验来看，基本一致。2015 年职工医保制度参保者的缴费项数据完整性较好，医保缴费大于 0 的个体占样本总数的 89.67%。

表 4-4　职工医保制度参保者年度缴费分布情况

项目	全体样本		非零值样本			非零值占比 /%
	均值/元	样本数/个	均值/元	中位数	样本数/个	
2017 年						
低收入组	1 015.60	2 583	1 367.72	600.00	1 918	74.25
中低收入组	1 376.83	2 583	1 661.84	1 000.00	2 140	82.85
中等收入组	1 477.77	2 583	1 688.97	1 000.00	2 260	87.50
中高收入组	1 781.83	2 583	2 011.57	1 200.00	2 288	88.59
高收入组	2 932.06	2 582	3 288.69	2 000.00	2 302	89.16
合计	1 716.72	12 914	2 032.43	1 070.00	10 908	84.47
2015 年						
低收入组	810.04	2 402	967.54	294.45	2 011	83.72
中低收入组	929.49	2 402	1 059.63	320.00	2 107	87.72
中等收入组	910.61	2 402	995.12	371.18	2 198	91.51
中高收入组	1 137.09	2 402	1 240.93	458.31	2 201	91.63

表4-4(续)

项目	全体样本		非零值样本			非零值占比 /%
	均值/元	样本数/个	均值/元	中位数	样本数/个	
高收入组	1 422.53	2 402	1 517.28	500.00	2 252	93.76
合计	1 041.95	12 010	1 162.03	373.61	10 769	89.67

注：在职工医保缴费数据中，零值代表职工已经到了退休年龄，不用再缴纳医保费用。

（2）职工医保制度参保者住院费用支付分布情况

从表4-5可以看出，随着收入组别的升高，住院率随之升高。住院费用均值在不同分组里变化没有规律性，但2017年较2015年各组和总费用均有显著提高。

表4-5　职工医保制度参保者住院费用支付分布情况

项目	全体样本		非零值样本			非零值占比 /%
	均值/元	样本数/个	均值/元	中位数	样本数/个	
2017 年						
低收入组	1 294.58	2 583	16 472.38	10 000.00	203	7.86
中低收入组	836.13	2 583	13 089.21	8 000.00	165	6.39
中等收入组	1 805.97	2 583	29 902.75	9 000.00	156	6.04
中高收入组	1 328.41	2 583	23 664.08	9 700.00	145	5.61
高收入组	968.08	2 582	17 238.42	10 000.00	145	5.62
合计	1 246.66	12 914	19 778.02	10 000.00	814	6.30
2015 年						
低收入组	806.06	2 402	12 822.17	7 000.00	151	6.29
中低收入组	721.50	2 402	13 331.02	7 500.00	130	5.41
中等收入组	860.26	2 402	12 914.62	6 882.12	160	6.66
中高收入组	636.66	2 402	11 854.76	8 000.00	129	5.37
高收入组	628.07	2 402	13 968.80	10 000.00	108	4.50
合计	730.51	12 010	12 940.14	7 500.00	678	5.65

注：表中非零值是指住院费用不为零的职工医保制度参保者，但零值也可能是缺失值。

（3）职工医保制度参保者医保补偿分布情况

住院费用医保基金补偿是按照职工住院费用的一定比例，从职工医保统筹基金中给予住院职工补偿。从表4-6可以看出，2017年各组和合计补偿费用较2015年均有提高。

表 4-6　职工医保制度参保者住院费用医保基金补偿分布情况

项目	全体样本		非零值样本			非零值占比 /%
	均值/元	样本数/个	均值/元	中位数	样本数/个	
2017 年						
低收入组	754.68	2 583	10 769.79	7 000.00	181	7.01
中低收入组	443.73	2 583	7 850.41	4 650.00	146	5.65
中等收入组	760.43	2 583	14 442.62	5 500.00	136	5.27
中高收入组	895.62	2 583	17 933.14	6 000.00	129	4.99
高收入组	611.48	2 582	11 782.32	7 700.00	134	5.19
合计	693.19	12 914	12 330.43	6 000.00	726	5.62
2015 年						
低收入组	419.38	2 402	7 299.61	4 000.00	138	5.75
中低收入组	355.84	2 402	7 368.25	4 000.00	116	4.83
中等收入组	447.90	2 402	7 419.69	4 000.00	145	6.04
中高收入组	324.16	2 402	6 488.51	4 525.00	120	5.00
高收入组	297.27	2 402	7 596.29	5 000.00	94	3.91
合计	754.68	12 010	7 227.72	4 027.97	613	5.10

注：非零值样本是指住院费用获得职工医保基金补偿的参保者。

（4）职工医保制度参保者家庭医疗支出分布情况

从表 4-7 可以看出，职工医保制度参保者家庭的家庭医疗支出统计质量较高，且在 2015 年和 2017 年家庭医疗支出的比例保持了较为稳定的态势，2017 年均值都比 2015 年高。

表 4-7　职工医保制度参保者家庭医疗支出分布情况

项目	全体样本		非零值样本			非零值占比 /%
	均值/元	样本数/个	均值/元	中位数	样本数/个	
2017 年						
低收入组	8 751.71	2 583	10 514.26	2 800.00	2 150	83.24
中低收入组	8 641.54	2 583	10 700.43	3 000.00	2 086	80.76
中等收入组	8 237.01	2 583	10 141.18	2 600.00	2 098	81.22
中高收入组	8 749.22	2 583	10 891.2	3 000.00	2 075	80.33
高收入组	9 108.17	2 582	11 449.51	3 000.00	2 054	79.55
合计	8 697.50	12 914	10 734.92	3 000.00	10 463	81.02

表4-7（续）

项目	全体样本		非零值样本			非零值占比/%
	均值/元	样本数/个	均值/元	中位数	样本数/个	
2015 年						
低收入组	6 228.92	2 246	7 789.61	2 000.00	1 796	79.96
中低收入组	5 448.80	2 249	6 514.80	2 000.00	1 881	83.64
中等收入组	5 955.13	2 258	7 186.89	2 000.00	1 871	82.86
中高收入组	6 068.00	2 263	7 284.82	2 000.00	1 885	83.30
高收入组	6 125.37	2 257	7 784.33	2 500.00	1 776	78.69
合计	5 965.41	11 273	7 302.42	2 000.00	9 209	81.69

注：本表中的非零值样本是统计了有医疗费用支出的家庭。

（5）职工医保制度参保者医保补偿净福利分布情况

为保持数据的真实性，表4-8使用职工医保制度参保者医保支付或补偿与个人医保缴费的差值，作为医保补偿净福利变量。

表4-8　职工医保制度参保者住院费用补偿净福利分布情况

项目	全体样本		小于零值			大于零值			占比/%	
	均值/元	样本数/个	均值/元	中位数	样本数/个	均值/元	中位数	样本数/个	小于零值	大于零值
2017 年										
低收入组	4 748.61	1 263	−1 473.39	−720.00	491	11 333.78	5 858.00	593	38.88	46.95
中低收入组	6 098.46	1 168	−1 710.81	−1 000.00	531	15 327.19	4 086.00	524	45.46	44.86
中等收入组	2 513.26	1 177	−1 752.90	−1 000.00	585	7 735.06	4 500.00	515	49.70	43.76
中高收入组	3 796.53	1 148	−2 046.54	−1 200.00	579	11 336.12	4 893.50	489	50.44	42.60
高收入组	2 998.28	1 182	−3 504.04	−2 000.00	568	10 192.02	6 280.00	543	48.05	45.94
合计	4 038.56	5 938	−2 117.85	−1 200.00	2 754	11 191.28	5 071.50	2 664	46.38	44.86
2015 年										
低收入组	2 034.33	2 216	−1 071.65	−293.88	1 231	7 423.30	3 762.35	785	55.55	35.42
中低收入组	1 495.88	2 214	−1 245.01	−312.22	1 242	5 888.71	4 077.50	825	56.10	37.26
中等收入组	1 930.23	2 224	−1 064.73	−361.19	1 310	6 910.85	4 398.56	823	58.90	37.01
中高收入组	1 682.11	2 188	−1 382.12	−463.52	1 278	6 642.45	4 340.00	820	58.41	37.48
高收入组	1 714.60	2 194	−1 678.29	−500.00	1 326	7 559.67	4 995.48	792	60.44	36.10
合计	1 771.94	11 036	−1 292.01	−371.37	6 387	6 874.46	4 240.00	4 045	57.87	36.65

注：本表数据来自中国家庭金融调查数据。

4.4.3 新农合制度数据分布描述

（1）新农合制度参保者缴费分布情况

从表4-9的新农合制度参保者年度缴费情况来看，2015年的年度缴费非零值占比为95.21%，2017年为90.35%，两年的非零值占比均高于以上职工医保制度的非零值占比（见表4-4）。对比职工医保制度与新农合制度2017年全部样本的缴费均值情况（见表4-4、表4-9），两者差别较大，2017年职工医保制度的年度缴费均值为1 716.72元，新农合制度的年度缴费均值为211.39元。2015年两者的年度缴费均值（见表4-4、表4-9）差别也较大，职工医保制度的为1 041.95元，新农合制度的仅有102.40元。

表4-9 新农合制度参保者年度缴费分布情况

项目	全体样本		非零值样本		非零值占比/%
	均值/元	样本数/个	均值/元	样本数/个	
2017年					
低收入组	221.92	2 510	242.71	2 295	91.43
中低收入组	183.36	2 510	198.47	2 319	92.39
中等收入组	208.12	2 509	230.64	2 264	90.24
中高收入组	222.47	2 510	246.43	2 266	90.28
高收入组	221.06	2 510	252.90	2 194	87.41
合计	211.39	12 549	233.97	11 338	90.35
2015年					
低收入组	96.95	2 581	101.88	2 456	95.16
中低收入组	98.33	2 581	103.34	2 456	95.16
中等收入组	101.73	2 581	106.91	2 456	95.16
中高收入组	104.34	2 581	109.12	2 468	95.62
高收入组	110.64	2 580	116.51	2 450	94.96
合计	102.40	12 904	107.55	12 286	95.21

注：在新农合制度的医保缴费中，零值的情况分两类。一类是特殊人群，不用缴纳新农合保费；另一类是数据缺失。

（2）新农合制度参保者住院费用支付分布情况

新农合制度参保者住院费用支付的非零值占比与职工医保制度参保者非零值占比的数值差别较大。从表4-10中可知，2017年，新农合制度参保者全部样本的住院费用支付均值为 820.09 元，而职工医保制度的为 1 246.66 元（见表 4-5），差距较大。非零值样本的均值差距也较为明显，2017 年新农合制度非零值样本的住院费用支付均值为 12 864.09 元，而职工医保制度非零值样本的住院费用支付均值为 19 778.02 元（见表 4-5）。两种制度 2015 年的情况与 2017 年类似。

表 4-10 新农合制度参保者住院费用支付分布情况

项目	全体样本		非零值样本		非零值占比 /%
	均值/元	样本数/个	均值/元	样本数/个	
2017 年					
低收入组	1 309.93	2 510	13 642.87	241	9.60
中低收入组	950.52	2 510	11 929.06	200	7.97
中等收入组	846.67	2 509	13 617.35	156	6.22
中高收入组	567.15	2 510	13 304.23	107	4.26
高收入组	426.16	2 510	11 142.35	96	3.82
合计	820.09	12 549	12 864.09	800	6.38
2015 年					
低收入组	588.91	2 581	8 735.54	174	6.74
中低收入组	491.42	2 581	8 289.96	153	5.93
中等收入组	483.34	2 581	12 230.31	102	3.95
中高收入组	416.18	2 581	11 935.04	90	3.49
高收入组	378.62	2 580	10 391.83	94	3.64
合计	471.70	12 904	9 929.57	613	4.75

注：表中非零值是指住院费用不为零的新农合制度参保者，但零值也可能是缺失值。

（3）新农合制度参保者医保补偿分布情况

从表 4-11 的非零值占比可以看出，新农合制度参保者补偿率（非零值占比）在 2017 年为 4.88%，相比职工医保制度参保者补偿率 5.62%（见表 4-6）略低。新农合制度的低收入者的非零值占比为 7.69%，较职工医保制度的低收入组的非零值占比 7.01%（见表 4-6）略高；但新农合制度的平均占比 4.88%，较职工医保制度的平均占比 5.62%（见表 4-6）较低。

表4-11　新农合制度参保者住院费用医保基金补偿分布情况

项目	全体样本		非零值样本		非零值占比
	均值/元	样本数/个	均值/元	样本数/个	/%
2017年					
低收入组	437.36	2 510	5 687.97	193	7.69
中低收入组	269.87	2 510	4 342.17	156	6.22
中等收入组	276.34	2 509	6 081.98	114	4.54
中高收入组	194.12	2 510	6 411.09	76	3.03
高收入组	153.84	2 510	5 218.24	74	2.95
合计	266.31	12 549	5 451.71	613	4.88
2015年					
低收入组	194.60	2 581	3 512.37	143	5.54
中低收入组	142.18	2 581	2 866.96	128	4.96
中等收入组	118.09	2 581	3 585.83	85	3.29
中高收入组	94.43	2 581	3 385.21	72	2.79
高收入组	97.56	2 580	3 595.95	70	2.71
合计	129.38	12 904	3 352.38	498	3.86

注：表中非零值样本是指住院费用获得新农合制度基金补偿的参保者。

（4）新农合制度参保者家庭医疗支出分布情况

从表4-12的新农合制度参保者家庭医疗支出分布情况来看，全体样本2017年均值、2015年均值与职工医保制度的对应均值（见表4-7）相差不大，非零值占比也基本相同。说明在参保者家庭医疗支出方面，城乡之间差异较小。

表4-12　新农合制度参保者家庭医疗支出分布情况

项目	全体样本		非零值样本		非零值占比
	均值/元	样本数/个	均值/元	样本数/个	/%
2017年					
低收入组	8 441.20	2 401	9 900.99	2 047	85.26
中低收入组	7 028.96	2 420	8 326.04	2 043	84.42
中等收入组	7 240.78	2 402	8 753.08	1 987	82.72
中高收入组	6 718.83	2 416	8 298.93	1 956	80.96
高收入组	5 675.26	2 427	7 211.44	1 910	78.70
合计	7 017.76	12 066	8 516.18	9 943	82.41

表4-12（续）

项目	全体样本		非零值样本		非零值占比 /%
	均值/元	样本数/个	均值/元	样本数/个	
2015 年					
低收入组	7 066.78	2 432	8 286.60	2 074	85.28
中低收入组	6 441.83	2 417	7 347.76	2 119	87.67
中等收入组	6 003.44	2 435	6 853.43	2 133	87.60
中高收入组	5 940.34	2 422	6 809.04	2 113	87.24
高收入组	5 470.23	2 427	6 492.05	2 045	84.26
合计	6 184.66	12 133	7 157.42	10 484	86.41

注：本表非零值样本统计的是有住院医疗费用支出的家庭。

（5）新农合制度参保者医保补偿净福利分布情况

从表4-13的新农合制度参保者住院费用补偿净福利分布情况来看，2015年和2017年各收入组都是小于零值的占比居多。与表4-8相比，职工医保制度参保者的住院费用补偿净福利分布情况和新农合制度的相类似。

表 4-13　新农合制度参保者住院费用补偿净福利分布情况

项目	全体样本		小于零值		大于零值		占比/%	
	均值/元	样本数/个	均值/元	样本数/个	均值/元	样本数/个	小于零值	大于零值
2017 年								
低收入组	2 636.73	1 880	5 535.15	946	−314.42	888	50.32	47.23
中低收入组	2 287.36	1 893	5 158.42	877	−200.79	966	46.33	51.03
中等收入组	2 691.73	1 810	6 580.58	780	−270.00	966	43.09	53.37
中高收入组	2 224.49	1 792	5 511.76	773	−282.79	970	43.14	54.13
高收入组	2 173.13	1 723	5 246.39	756	−244.45	908	43.88	52.70
合计	2 405.98	9 098	5 595.33	4 132	−261.87	4 698	45.42	51.64
2015 年								
低收入组	2 113.29	2 388	6 132.15	846	−96.62	1 462	35.43	61.22
中低收入组	1 887.44	2 381	5 103.04	909	−103.26	1 401	38.18	58.84
中等收入组	1 687.39	2 359	4 635.63	890	−103.24	1 406	37.73	59.60
中高收入组	1 570.91	2 375	4 756.48	817	−103.97	1 492	34.40	62.82
高收入组	1 405.95	2 371	4 308.21	814	−117.15	1 480	34.33	62.42
合计	1 733.66	11 874	4 991.84	4 276	−104.90	7 241	36.01	60.98

注：本表数据来自中国家庭金融调查数据。

4.4.4　居民医保制度数据分布描述

（1）居民医保制度参保者缴费分布情况

从表4-14可以看出，居民医保制度参保者的年缴费均值较新农合制度的缴费均值（见表4-9）要高，较职工医保制度的缴费均值（见表4-4）要低。与新农合制度定额筹资的方式不同，居民医保制度每年的筹资标准会根据当地经济和社会情况调整，各地的居民医保制度筹资政策不太一致，所以居民医保制度非零值样本的不同收入组缴费均值差异较大。这也表明，职工医保制度、新农合制度和居民医保制度的筹资政策差异性较大。

表4-14　居民医保制度参保者年度缴费分布情况

项目	全体样本		非零值样本		非零值占比 /%
	均值/元	样本数/个	均值/元	样本数/个	
2017 年					
低收入组	712.45	843	928.28	647	76.75
中低收入组	620.05	843	778.99	671	79.60
中等收入组	654.74	842	884.90	623	73.99
中高收入组	890.28	843	1 302.97	576	68.33
高收入组	1 775.90	842	2 794.97	535	63.54
合计	930.55	4 213	1 284.54	3 052	72.44
2015 年					
低收入组	349.60	699	485.83	503	71.96
中低收入组	493.02	699	651.45	529	75.68
中等收入组	410.19	699	558.91	513	73.39
中高收入组	631.71	699	778.78	567	81.12
高收入组	855.05	699	1 115.07	536	76.68
合计	547.91	3 495	723.17	2 648	75.77

注：在居民医保制度的医保缴费中，零值的情况分两类。一类是特殊人群，不用缴纳居民医保保费；另一类是数据缺失。

（2）居民医保制度参保者住院费用支付分布情况

居民医保制度在住院补偿标准、用药目录等方面，与新农合制度的政策基本一致，从表4-15与表4-10的对比也可以看出，两者的非零值占比基本相当。同时，与职工医保制度的非零值占比（见表4-5）也相差不大，说明职工医保制度、新农合制度和居民医保制度的参保者对住院服务利用的比例基本相同。

表4-15　居民医保制度参保者住院费用支付分布情况

项目	全体样本		非零值样本		非零值占比 /%
	均值/元	样本数/个	均值/元	样本数/个	
2017 年					
低收入组	1 189.95	843	13 555.81	74	8.78
中低收入组	761.63	843	10 191.27	63	7.47
中等收入组	614.57	842	11 249.28	46	5.46
中高收入组	697.63	843	14 002.38	42	4.98
高收入组	739.31	842	17 785.71	35	4.16
合计	800.68	4 213	12 974.03	260	6.17
2015 年					
低收入组	842.37	699	16 356.09	36	5.15
中低收入组	522.44	699	8 694.82	42	6.01
中等收入组	437.35	699	10 541.60	29	4.15
中高收入组	751.75	699	12 511.25	42	6.01
高收入组	783.21	699	14 796.23	37	5.29
合计	667.42	3 495	12 541.08	186	5.32

注：表中非零值样本是指住院费用不为零的居民医保制度参保者，但零值也可能是缺失值。

（3）居民医保制度参保者医保补偿分布情况

从表4-16中可知，2017年居民医保制度参保者住院费用补偿的全体样本均值为347.44元，非零值样本均值为6 970.30元。对比2017年职工医保制度、新农合制度的住院补偿情况（见表4-6、表4-11），职工医保制度的全体样本均值为693.19元，非零值样本均值为12 330.43元；新农合制度的全体样本均值为266.31元，非零值样本均值为5 451.71元。从三者的对比可以看出，我国三类社会医疗保险制度的医保补偿情况存在差异，居民医保制度与新农合制度的医保补偿情况较为接近，职工医保制度的医保补偿情况要优于另外两者。

表 4-16　居民医保制度参保者住院费用医疗基金补偿分布情况

项目	全体样本		非零值样本		非零值占比
	均值/元	样本数/个	均值/元	样本数/个	/%
2017 年					
低收入组	565.69	843	7 225.38	66	7.83
中低收入组	371.57	843	6 525.63	48	5.69
中等收入组	240.93	842	5 796.20	35	4.16
中高收入组	275.43	843	6 829.12	34	4.03
高收入组	283.37	842	8 837.04	27	3.21
合计	347.44	4 213	6 970.30	210	4.98
2015 年					
低收入组	372.12	699	8 670.4	30	4.29
中低收入组	298.01	699	5 341.2	39	5.58
中等收入组	200.14	699	5 595.9	25	3.58
中高收入组	352.16	699	6 652.9	37	5.29
高收入组	317.06	699	6 518.4	34	4.86
合计	307.90	3 495	6 521.8	165	4.72

注：表中非零值样本是指住院费用获得职工医保基金补偿的参保者。

（4）居民医保制度参保者家庭医疗支出分布情况

从表 4-17 中 2017 年居民医保制度参保者家庭医疗支出分布情况来看，居民医保制度参保者的全体样本均值为 7 938.04 元，非零值样本均值为 9 777.51 元。从表 4-7 中可知，2017 年职工医保制度参保者的全体样本均值为 8 697.50 元，非零值样本均值为 10 734.92 元。从表 4-12 可知，2017 年新农合制度参保者的全体样本均值为 7 017.76 元，非零值样本均值为 8 516.18 元。这说明这三类医保的家庭医疗支出比例都保持了较稳定的态势，且数值差异不大。

表 4-17　居民医保制度参保者家庭医疗支出分布情况

项目	全体样本		非零值样本		非零值占比
	均值/元	样本数/个	均值/元	样本数/个	/%
2017 年					
低收入组	9 722.69	810	11 842.67	665	82.10
中低收入组	7 564.15	821	9 039.55	687	83.68

表4-17(续)

项目	全体样本		非零值样本		非零值占比
	均值/元	样本数/个	均值/元	样本数/个	/%
中等收入组	7 958.01	810	9 693.22	665	82.10
中高收入组	6 942.02	806	8 895.50	629	78.04
高收入组	7 496.93	798	9 377.03	638	79.95
合计	7 938.04	4 045	9 777.51	3 284	81.19
2015 年					
低收入组	7 172.112	650	8 713.781 3	535	82.31
中低收入组	5 287.705	654	6 264.780 8	552	84.40
中等收入组	4 871.416	654	5 943.854 5	536	81.96
中高收入组	6 113.295	647	7 379.294 8	536	82.84
高收入组	4 914.913	655	6 214.803 1	518	79.08
合计	5 668.868	3 260	6 903.439 7	2 677	82.12

注：本表非零值样本统计的是有医疗费用支出的家庭。

（5）居民医保制度参保者住院费用补偿净福利分布情况

从表4-18、表4-8和表4-13可以看出，居民医保制度参保者住院费用医保补偿净福利的分布情况，较职工医保制度和新农合制度的差异较大。2017年，居民医保制度参保者住院费用补偿净福利全体样本的均值为3 413.19元（见表4-18），职工医保制度的该均值为4 038.56元（见表4-8），新农合制度的该均值为2 405.98元（见表4-13）。总体来看，三类社会医保基金对住院费用的补偿力度均大于个人缴费的补偿力度。

表 4-18　居民医保制度参保者住院费用补偿净福利分布情况

项目	全体样本		小于零值		大于零值		占比/%	
	均值/元	样本数/个	均值/元	样本数/个	均值/元	样本数/个	小于零值	大于零值
2017 年								
低收入组	4 793.66	587	−1 272.21	289	12 236.71	260	49.23	44.29
中低收入组	3 694.48	604	−813.70	339	10 624.20	236	56.13	39.07
中等收入组	2 845.33	539	−893.67	299	8 298.79	217	55.47	40.26
中高收入组	3 048.69	496	−1 087.92	261	8 847.77	203	52.62	40.93
高收入组	2 370.11	473	−3 582.11	263	11 526.01	179	55.60	37.84
合计	3 413.19	2 699	−1 472.61	1 451	10 364.34	1 095	53.76	40.57

表4-18（续）

项目	全体样本		小于零值		大于零值		占比/%	
	均值/元	样本数/个	均值/元	样本数/个	均值/元	样本数/个	小于零值	大于零值
2015 年								
低收入组	2 906. 64	661	−426. 35	337	9 880. 23	209	50. 98	31. 62
中低收入组	1 530. 28	639	−573. 37	348	5 580. 01	211	54. 46	33. 02
中等收入组	1 496. 20	659	−522. 25	350	5 843. 92	200	53. 11	30. 35
中高收入组	1 743. 76	649	−853. 03	353	6 256. 85	229	54. 39	35. 29
高收入组	900. 62	635	−1 218. 68	355	5 259. 28	191	55. 91	30. 08
合计	1 723. 32	243	−722. 75	1 743	6 585. 07	1 040	53. 75	32. 07

注：本表数据来自中国家庭金融调查数据。

4.4.5　三类医保制度参保者分布描述

（1）职工医保制度、新农合制度和居民医保制度参保者年龄分布情况

表4-19 对职工医保制度、新农合制度和居民医制度保参保者的年龄分布情况进行统计。年龄分类：出生后到 1 岁为婴儿期（未计入统计），2~4 岁为幼儿期，5~11 岁为儿童期，12~18 岁为少年期，19~35 岁为青年期，36~59 岁为中年期，年龄大于 60 岁为老年期（宋艳慧，2014）。可以看出，三类医保参保者中，中年均为较大比例人群。2017 年新农合制度的参保者中，老年人占比达到 9.87%。

表 4-19　职工医保制度、新农合制度和居民医保制度参保者年龄分布情况

年龄分组	职工医保制度		新农合制度		居民医保制度	
	个数/个	比例/%	个数/个	比例/%	个数/个	比例/%
2017						
幼儿	—	—	—	—	—	—
儿童	—	—	1	0. 01	—	—
少年	4	0. 03	104	0. 83	20	0. 47
青年	4 508	34. 91	4 560	36. 35	1 234	29. 29
中年	7 822	60. 57	6 642	52. 95	2 605	61. 83
老年	580	4. 49	1 238	9. 87	354	8. 40

表4-19(续)

年龄分组	职工医保制度		新农合制度		居民医保制度	
	个数/个	比例/%	个数/个	比例/%	个数/个	比例/%
2015						
幼儿	—	—	16	0.12	1	0.03
儿童	—	—	38	0.29	1	0.03
少年	15	0.12	203	1.57	16	0.46
青年	4 643	38.68	5 842	45.31	1 192	34.17
中年	7 097	59.12	6 080	47.16	2 121	60.81
老年	243	2.02	714	5.54	157	4.50

注：本表数据来自中国家庭金融调查数据。

（2）职工医保制度、新农合制度和居民医保制度参保者按年龄住院率分布情况

从表4-20可以看出，在2015年和2017年的职工医保制度、新农合制度和居民医保制度参保人群中，老年人的住院率最高，青少年的住院率较低。

表4-20　职工医保制度、新农合制度和居民医保制度参保者按年龄住院率分布情况

年龄分组	职工医保制度			新农合制度			居民医保制度		
	参保人数/个	住院人数/个	住院比例/%	参保人数/个	住院人数/个	住院比例/%	参保人数/个	住院人数/个	住院比例/%
2017									
儿童	—	—	—	1	—	—	—	—	—
少年	4	0	0.00	104	1	0.96	20	3	15.00
青年	4 508	220	4.88	4 560	181	3.97	1 234	52	4.21
中年	7 822	523	6.69	6 642	466	7.02	2 605	164	6.30
老年	580	71	12.24	1 238	152	12.28	354	41	11.58
2015									
幼儿	2	0	0.00	16	1	6.25	1	0	0.00
儿童	5	0	0.00	38	0	0.00	1	0	0.00
少年	15	0	0.00	203	5	2.46	16	0	0.00
青年	4 643	46	0.99	5 842	179	3.06	1 192	46	3.86
中年	7 097	121	1.70	6 080	344	5.66	2 121	121	5.70
老年	243	19	7.82	714	84	11.76	157	19	12.10

4.5 本章小结

本研究使用的数据来自西南财经大学中国家庭金融调查和研究中心全国调研的数据，主要包括 2015 年和 2017 年调查数据与医疗保险运行有关的数据，包括个人的参保类型、医保的年度缴费额度、年度住院费用、年度医保补偿额度、家庭医疗支出总额等数据。因调研的区域比较广泛，数据量较大，存在一些数据项的缺失，故在信息允许的情况下，本研究使用了分组均值差值、区间估计均值等方法对个人收入、医保缴费等数据进行了缺失值填补。

在完成数据清理后，又对家庭数据、个人数据和省份数据进行了合并整理，根据不同的参保类型分出了职工医保制度、新农合制度和居民医保制度数据库。将个体数据归并整理，以确保数据同类可比。

在整理出各年份不同医保类型数据库后，又对数据进行了收入五等份分组描述，获取样本量、样本均值等关键指标，为后续分析提供真实可靠、结构完整和信息完备的数据集合。

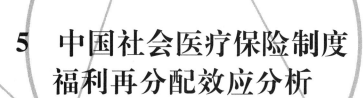

5　中国社会医疗保险制度福利再分配效应分析

随着中国在医疗卫生方面投入的加大，特别是政府财政在社会医疗保险方面的投入不断增加，社会医疗保险的福利分配效应发挥得更加明显。社会医疗保险通过政府补助、社会筹资和个人缴纳的方式，来完成社会医疗保险基金的筹集。职工医保制度按照在职职工收入的一定比例进行筹资，一部分进入统筹账户，一部分进入个人账户，国家通过对企业抵扣税费的方式进行隐性补贴；新农合制度和居民医保制度的筹资来自政府补助和个人缴纳，一般政府补助和个人缴纳的比例为2∶1。随着经济发展和政府补助的提高，社会医疗保险基金的筹资规模越来越大。

社会医疗保险的目的是利用国家和社会的财政力量，来解决参保者因经济困难造成的经济风险。同时社会医疗保险制度作为国家收入再分配手段，起到调节收入的作用，而再分配的目的就是保障社会成员的分配公平性。本章利用MT指数，分别测算2015年和2017年中国社会医疗保险三种医保制度的收入再分配效应，衡量社会经济福利在个体之间分配的公平程度如何。

中国学者李佳佳等（2015）、陈宗胜等（2018）、丁少群等（2019）关于医疗保险对收入分配的效应研究也先后采用了MT指数测算。本研究基于国内外文献分析，通过整理分析2015年和2017年中国家庭金融调查数据，对中国职工医保制度、新农合制度和居民医保制度的参保者的原始收入、医保缴费后收入、住院费用总额支付后收入和住院费用补偿后收入进行分析，分析方法及模型设定如下文所述。

5.1 福利再分配效应研究变量设定

5.1.1 基本变量设定

①参保个人的原始收入。参保个人的原始收入是在中国家庭金融调查中有关个人的税后工资收入、税后奖金收入和税后实物、补贴、转移支付等部分的总和，设定为变量 X，下文中设定为项目 A，表中简称"初始收入"。

②参保个人的医保缴费后收入。医保缴费是指个人参与的社会医疗保险缴纳的保险费，设定为变量 M。参保个人社会医保缴费后收入，是个人原始收入减除年度个人医保缴费后的调整收入，设定为 $X-M$，下文中设

定为项目 B，简称"医保缴费后收入"，表中简称"医保缴费"。

③参保个人住院费用总额支付后收入。个人住院费用总额是在个人有住院医疗服务利用发生后，个人应该支付给医院的住院费用总额，包括个人自付部分和医保基金补偿部分，设定变量为 HE。住院费用总额支付后的个人收入为 X-HE，下文中设定为项目 C，简称"个人住院费用支付后收入"，表中简称"住院支付"。

④个人住院费用补偿后收入。在参保个人有住院费用发生时，社会医疗保险对按照一定比例给予补偿，医保基金补偿总额设定为 PS。住院费用补偿后个人收入为 X-M-HE+PS，下文中设定为项目 D，简称"住院费用补偿后收入"，表中简称"住院补偿"。

5.1.2 评价指标设定

①MT 指数。MT 指数，度量初始收入与缴纳医疗保险费或者获得医疗保险补偿之后总体收入差距的绝对变化。

$$MT = G - G^* \tag{5-1}$$

在上式中，G 为初始收入的基尼系数，G^* 为医疗保险缴费后或者医疗保险补偿后的基尼系数。若 MT>0，表明医疗保险的收入再分配效应为正，即医疗保险缴费后或医疗保险补偿后，改善了低收入群体的收入分布，有利于低收入者；如果 MT<0，表明医疗保险的收入再分配效应为负，存在低收入人群对到高收入人群的"逆向补偿"问题。

②L 指数。L 指数的计算公式为

$$L_t = \text{ID}^* - \text{ID} \tag{5-2}$$

其中，ID^* 表示第 t 个群体，在医保缴费后，或者在医保补偿受益后的收入比重，ID 为第 t 个群体的初始收入分布，如果 $L_t>0$，表示该群体在缴费或者医保补偿后，占比增加；如果 $L_t<0$，表示该群体在医保缴费或者医保补偿后，收入分布减少。并且，

$$\sum_{i=1}^{n} L_t = 0 \tag{5-3}$$

③缴费率。为衡量各类医疗保险的医保缴费占比，用个人每年缴纳的医保费用与个人年初始收入的比值来测算。

④改善率。改善率是个人有住院发生时，医保补偿与医保缴费的差额，与个人初始收入的比值。

⑤五等份分组。参照《中国统计年鉴—2019》对中国居民收入五等份分组，对本研究的样本参照样本数收入由低到高五等份进行分组，分为低收入组、中低收入组、中等收入组、中高收入组和高收入组。

5.2 职工医保制度福利再分配效应分析

5.2.1 职工医保制度福利再分配效应衡量

从2015年和2017年职工医保参保者的缴费率来看，随着收入的升高，缴费率呈下降趋势。2015年的人均缴费率为4.42%，到2017年降低到2.08%，从整体上来看，随着职工收入的快速提高，医保筹资的固定费率没有随之提高，这种按照工资比例筹资的模式，会影响到职工医保基金的筹资增长能力。从各收入分组的纵向来看，2017年各收入组群的缴费率均低于2015年，特别是2015年低收入组的缴费率达到12.91%，远高于2017年低收入组3.62%的缴费率。从缴费率的总体情况和各分组情况来看，职工医保制度的筹资累退性较为明显。

2015年和2017年的改善率均为负值，说明职工医保住院补偿的费用要低于职工医保筹资的总额。2015年总体改善率为-2.60%，到2017年升高到-0.05%，说明2017年职工医保的年度筹资与年度结余基本持平。2015年低收入组的改善率达到-7.18%，反映出在低收入组中，出现了较严重的医保补偿逆向再分配效应，低收入组缴纳的医保费用被较高收入组使用（见表5-1）。

表 5-1　职工医保参保职工医疗保险缴费与补偿之后的收入情况　单位：元

项目	低收入组	中低收入组	中等收入组	中高收入组	高收入组	总体
2017 年						
初始收入	16 566.53	32 555.30	45 223.28	63 661.59	144 470.39	60 495.42
医保缴费	16 002.91	31 830.55	44 422.80	62 696.92	142 847.04	59 560.04
住院支付	15 246.24	31 732.24	43 425.50	62 365.60	143 522.95	59 258.51
住院补偿	15 432.75	31 446.40	43 384.71	62 275.08	142 485.11	59 004.81
缴费率/%	3.62	2.20	1.77	1.53	1.28	2.08
改善率/%	1.63	−0.87	−0.06	−0.21	−0.75	−0.05
样本数/个	2 583	2 583	2 583	2 583	2 582	12 914

表5-1(续)

项目	低收入组	中低收入组	中等收入组	中高收入组	高收入组	总体
2015 年						
初始收入	11 745.18	27 261.07	39 103.29	55 776.38	115 507.27	49 878.64
医保缴费	10 935.14	26 331.58	38 192.68	54 639.29	114 084.74	48 836.68
住院支付	10 939.13	26 539.57	38 243.03	55 139.72	114 879.19	49 148.13
住院补偿	10 548.46	25 965.92	37 780.32	54 326.78	113 753.94	48 475.08
缴费率/%	12.91	3.43	2.35	2.04	1.35	4.42
改善率/%	-7.18	-2.08	-1.20	-1.46	-1.06	-2.60
样本数/个	2 402	2 402	2 402	2 402	2 402	12 010

注：该表数据整理自中国家庭金融调查数据库。

从表 5-2 可以看出，各收入组在横向上占比变化不大。占比的变化波动较大的是低收入组，基本没有变化的是中高收入组。比例变化不大的原因主要是因为医保缴费的比例在整个职工收入里面占比较低。

表 5-2　职工医保参保者医疗保险缴费和补偿之后的收入分布的变化情况

单位：%

项目	低收入组	中低收入组	中等收入组	中高收入组	高收入组	基尼系数
2017 年						
初始收入	5.48	10.76	14.95	21.05	47.76	0.414 4
医保缴费	5.37	10.69	14.92	21.05	47.97	0.418 1
住院支付	5.15	10.71	14.66	21.05	48.44	0.433 3
住院补偿	5.23	10.66	14.71	21.11	48.30	0.426 5
2015 年						
初始收入	4.71	10.93	15.68	22.36	46.32	0.392 7
医保缴费	4.48	10.78	15.64	22.38	46.72	0.399 9
住院支付	4.45	10.80	15.56	22.44	46.75	0.402 3
住院补偿	4.35	10.71	15.59	22.41	46.93	0.404 4

注：该表数据整理自中国家庭金融调查数据库。

从表 5-3 可以看出，低收入组、中低收入组、中等收入组在 2015 年和 2017 年的 B-A（医保缴费后收入与初始收入占比之间的差值）、C-A

（住院费用支付后收入与初始收入占比之间的差值）和 D-A（住院费用补偿后收入与初始收入占比之间的差值）均为负值，说明职工医保缴费、住院医疗服务费用支付和医保基金补偿后的收入占比，在这三部分收入组中都出现了逆向再分配效应。相比前三个收入分组，中高收入组变化不显著，但是高收入组基本都是增加，从收入的纵向上看，职工医保制度的各个环节，都呈现了较为显著的逆向再分配效应，使职工医保制度更有利于高收入群体。

表 5-3　职工医保参保职工医疗保险缴费和补偿之后的收入分布的变化情况

单位：%

项目	低收入组	中低收入组	中等收入组	中高收入组	高收入组
2017 年					
B-A	−0.11	−0.07	−0.03	0.00	0.21
C-A	−0.33	−0.05	−0.29	0.00	0.68
D-A	−0.25	−0.10	−0.24	0.06	0.54
D-C	0.08	−0.05	0.05	0.06	−0.14
2015 年					
B-A	−0.23	−0.15	−0.04	0.02	0.40
C-A	−0.26	−0.13	−0.12	0.08	0.43
D-A	−0.36	−0.22	−0.09	0.05	0.61
D-C	−0.10	−0.09	0.03	−0.03	0.18

注：1. 该表数据整理自中国家庭金融调查数据库。

2. A 项目：初始收入；B 项目：医保缴费，即医保缴费后收入；C 项目：住院支付，即住院费用支付后收入；D 项目：住院补偿，即住院费用补偿后收入。

5.2.2　职工医保制度福利再分配效应环节分解

通过分析 2015 年和 2017 年中国职工医保制度在筹资、住院医疗服务利用费用支付和费用补偿的 MT 指数和 R 系数（见表 5-4）可以看出，MT_B、MT_C 和 MT_D 均为负值，与前一部分职工医保制度再分配效应衡量结果相一致，说明职工医保制度存在逆向再分配效应。通过 MT 指数和 R 系数的绝对值大小可以看出：2017 年的 MT_C 和 R_C 的绝对值都是最大值，说明参保职工在支付住院费用后，造成 MT 的变化波动最大；2015 年的 MT_D

和 R_D 的绝对值都是最大值，说明参保职工的住院补偿后，再分配效应变化最大。

MT_{DC} 在 2015 年为正值，2017 年为负值，说明医保基金补偿后的再分配效应和支付后的再分配效应作用相反。2015 年和 2017 年的 MT_{DB} 均大于 0，说明在职工医保基金对住院患者实施补偿后的分配公平性变差了。并且，2015 年和 2017 年的 MT_{DB} 都是最大值，说明在横向上，医保基金补偿给居民收入造成了更大的不平等。

表 5-4　职工医保筹资和补偿环节的再分配效应

项目	基尼系数	各项目差值	MT 类别	MT 指数	R 类别	R 指数
2017 年						
初始收入	0.414 4	—	—	—	—	—
医保缴费	0.418 1	A–B	MT_B	−0.003 7	R_B	−0.892 9
住院支付	0.433 3	A–C	MT_C	−0.018 9	R_C	−4.560 8
住院补偿	0.426 5	A–D	MT_D	−0.012 1	R_D	−2.919 9
—	—	D–C	MT_{DC}	−0.006 8	R_{DC}	−1.594 4
—	—	D–B	MT_{DB}	0.008 4	R_{DB}	1.969 5
2015 年						
初始收入	0.392 7	—	—	—	—	—
医保缴费	0.399 9	A–B	MT_B	−0.007 2	R_B	−1.833 5
住院支付	0.402 3	A–C	MT_C	−0.009 6	R_C	−2.444 6
住院补偿	0.404 4	A–D	MT_D	−0.011 7	R_D	−2.979 4
—	—	D–C	MT_{DC}	0.002 1	R_{DC}	0.519 3
—	—	D–B	MT_{DB}	0.004 5	R_{DB}	1.112 8

注：1. 该表数据整理自中国家庭金融调查数据库。

2. A 项目：初始收入；B 项目：医保缴费，即医保缴费后收入；C 项目：住院支付，即住院费用支付后收入；D 项目：住院补偿，即住院费用补偿后收入。

职工医保制度是中国较为成熟的社会医疗保险制度，其筹资水平随着在职职工基础工资的增长而增长。职工医保制度的住院费用补偿比例一般较高，政策内补偿比例一般在 90% 以上。由于职工医保制度的年度住院率并不高，所以改善率都较低，并且高收入组的改善率一般为负值。2015 年的改善率均为负值，说明 2015 年职工医保基金的年度结余率较高，基金的年度利用率较低，这样会影响到参保者的总体受益水平。从 2017 年缴费与补偿的数值来看，高收入组比低收入组获得的医保基金补偿与缴费差值的受益程度要低。三个环节都存在逆向再分配效应，且住院费用支付阶段的逆向再分配效应较为显著。

5.3 新农合制度福利再分配效应分析

5.3.1 新农合制度福利再分配效应衡量

个人收入成为约束家庭成员利用医疗服务的关键因素。新农合医疗保险对低收入人群利用医疗服务是否有促进作用，基于新农合制度补偿的起步费用低收入群体是否能够负担。这是低收入群体是否能够获得此项社会福利的关键所在。

从表 5-5 可以看出，2017 年的总体缴费率为 1.42%，较 2015 年的总体缴费率 0.98% 有较大提高。只有在筹资充足的情况下，才能有充足的基金支付，对患病参保者进行医疗服务利用补偿。

2017 年，低收入组的初始收入与住院支付的差值为 986.59 元，高收入组的差值为 436.26 元；2015 年，低收入组差值为 588.92 元，高收入组的差值为 378.61 元。说明低收入组的人均住院费用要高于高收入组，在同等补偿比例的情况下，低收入的住院自付费用要高于高收入组，通过医疗服务利用的收入再分配出现差距。

从总体来看，2017 年的总体缴费率高于 2015 年的总体缴费率。从分组来看，2017 年各收入组的缴费率均高于 2015 年各收入组的缴费率。例如，2017 年的低收入组缴费率为 4.19%，高于 2015 年低收入组的 3.19%。筹资缴费率在时间上，随着收入组的提高而降低，说明了新农合制度的筹资是累退的，这与新农合制度是固定值筹资方式有关。

2017 年的总体改善率为 0.60%，较 2015 年的 1.79% 低。2017 年改善率的降低，主要是因为中高收入组和高收入组的改善率降低。2017 年高收入组新农合医保缴费整体高于医保补偿，出现了补偿率为负的现象。但改善率却正好相反，2017 年低收入组的改善率为 2.36%，2015 年低收入组的改善率为 6.94%。这说明改善率和缴费率随收入的提高而逐步降低。

表 5-5　新农合参保居民医疗保险缴费与补偿之后的收入情况　单位：元

项目	低收入组	中低收入组	中等收入组	中高收入组	高收入组	总体
2017 年						
初始收入	5 889.94	15 648.00	23 970.01	33 928.37	61 268.18	28 141.23
医保缴费	5 786.60	15 464.63	23 792.10	33 726.07	61 047.12	28 011.33
住院支付	4 903.35	14 692.43	23 211.08	33 531.39	60 831.92	27 421.79
住院补偿	5 340.46	14 963.15	23 488.55	33 726.68	60 987.25	27 689.01
缴费率/%	4.19	1.19	0.74	0.60	0.40	1.42
改善率/%	2.36	0.62	0.26	−0.10	−0.12	0.60
样本数/个	2 510	2 510	2 509	2 510	2 510	12 549
2015 年						
初始收入	5 549.99	14 198.12	22 307.19	31 704.94	56 678.04	26 085.29
医保缴费	5 453.04	14 099.79	22 205.46	31 600.60	56 567.40	25 982.89
住院支付	4 961.07	13 706.70	21 823.85	31 288.76	56 299.43	25 613.59
住院补偿	5 155.68	13 848.88	21 941.95	31 383.20	56 396.99	25 742.96
缴费率/%	3.19	0.72	0.46	0.33	0.21	0.98
改善率/%	6.94	1.00	0.55	0.29	0.19	1.79
样本数/个	2 581	2 581	2 581	2 581	2 580	12 904

注：该表数据整理自中国家庭金融调查数据库。

显然，从表 5-5 可以看出，新农合制度的筹资情况是，随着收入的升高，缴费率降低，这说明新农合医保制度是定额缴费，没有和收入建立联系。

从新农合制度各收入组的占比来看，低收入组的占比不到高收入组的 1/10。特别是在医保缴费、住院支付和住院补偿后，占比差距在继续拉大。从占比的数据来看，随着时间流逝，新农合制度难以实现既定的再收入分配的公平性趋势，反而加剧了收入的两极分化态势。

从表 5-6 中的基尼系数可以看出，2015 年和 2017 年的新农合制度在医保缴纳、住院支付和住院补偿后，基尼系数增大。2017 年和 2015 年的四组基尼系数中，都是在住院支付后的基尼系数最大。这说明在整个新农合参保人群中，住院支付对收入分配的公平性影响较大。但在新农合制度补偿后，基尼系数都有所下降。这说明在基金住院补偿后，参保居民收入再分配状况有所改善。

表5-6　新农合参保居民医疗保险缴费和补偿之后的收入分布及基尼系数

项目	分组收入分布/%					基尼系数
	低收入组	中低收入组	中等收入组	中高收入组	高收入组	
2017 年						
初始收入	4.19	11.12	17.04	24.11	43.54	0.393 8
医保缴费	4.13	11.04	16.99	24.08	43.59	0.395 8
住院支付	3.58	10.72	16.93	24.46	44.37	0.422 0
住院补偿	3.86	10.81	16.97	24.36	44.05	0.410 8
2015 年						
初始收入	4.25	10.88	17.10	24.31	43.45	0.382 5
医保缴费	4.20	10.85	17.09	24.32	43.54	0.394 0
住院支付	3.87	10.70	17.04	24.43	43.96	0.407 9
住院补偿	4.01	10.76	17.05	24.38	43.81	0.403 3

注：该表数据整理自中国家庭金融调查数据库。

从表5-7可以看出，低收入组的医保缴费、住院支出和补偿支付后的占比均在下降，而高收入的占比在医保缴费、住院支付和住院补偿后，占比之差均为正值。这说明随着新农合制度的医保缴费、住院支出和住院补偿，对于低收入组的再分配效果更差。从纵向看，2015年和2017年的低收入组、中低收入组和中等收入组的情况变化基本未变，中高收入组和高收入组也没有发生变化，说明新农合制度并没有改变收入在各类收入组中的分布，收入分配比较固化。

表5-7　新农合参保居民医疗保险缴费和补偿之后的收入分布的变化情况

单位:%

项目	低收入组	中低收入组	中等收入组	中高收入组	高收入组
2017 年					
B-A	-0.05	-0.08	-0.05	-0.03	0.04
C-A	-0.61	-0.41	-0.11	0.34	0.82
D-A	-0.33	-0.31	-0.07	0.25	0.51
D-C	0.28	0.09	0.04	-0.10	-0.32

表5-7(续)

项目	低收入组	中低收入组	中等收入组	中高收入组	高收入组
2015 年					
B−A	−0.06	−0.03	−0.01	0.02	0.09
C−A	−0.38	−0.18	−0.06	0.12	0.50
D−A	−0.25	−0.13	−0.06	0.07	0.36
D−C	0.14	0.06	0.01	−0.05	−0.15

注：1. 该表数据整理自中国家庭金融调查数据库。

2. A 项目：初始收入；B 项目：医保缴费，即医保缴费后收入；C 项目：住院支付，即住院费用支付后收入；D 项目：住院补偿，即住院费用补偿后收入。

从 2017 年新农合医保缴费占比 B−A 项的横向对比来看，数值在逐渐升高，说明新农合医保缴费后，低收入组、中低收入组、中等收入组和中高收入组的占比都有所下降，只有高收入组的占比升高。2015 年的情况与 2017 年的情况相似，升高的只有中高收入组和高收入组。说明新农合医保筹资的累退性随着筹资水平的提高而加重。C−A 项的变化和 B−A 项的变化基本一致，这也说明，在参保患者支付住院医疗费用以后，低收入群体的收入占比更趋恶化。并且，C−A 在 2015 年和 2017 年两年低收入组的降幅绝对值最大。说明医疗费用的过快上涨，对于低收入组群体来说，是个较为严重的经济负担。从 D−A 可以看出，在实施新农合医保补偿后，低收入组的占比有所缓解，通过占比也可以看出，新农合基金的补偿，改善了低收入群体的收入占比。从低收入组的 D−C 项可知，在 2017 年升高了 0.28%；在 2015 年升高了 0.14%，相对于高收入组和中高收入组均有降低。由表 5-7 可知，实施住院补偿以后，低收入组、中低收入组和中等收入组的收入占比，均有所改善。

5.3.2 新农合制度福利再分配效应环节分解

社会医疗保险的福利再分配功能主要发生在医保缴费、住院支付和住院补偿环节。MT 指数和 R 系数能够对社会医疗保险的再分配效应进行分解测算，从而进一步分析新农合制度在福利再分配中的作用。

从表 5-8 可以看出，2015 年和 2017 年的 MT_B、MT_C、MT_D 和 MT_{DC} 均小于 0，说明 2015 年和 2017 年的新农合制度，在医保缴费、住院支付和住院补偿环节均出现福利逆向再分配效应。特别是在住院支付环节，其MT指数绝对值最大，说明对于参保居民来说，住院支付是造成福利分配不公平的主要环节。

2015年和2017年的MT_{DC}和MT_{DB}符号均相反。$MT_{DC} < 0$表明新农合基金补偿后，再分配的公平性趋好，在补偿住院患者的住院费用后，有利于低收入者。$MT_{DB} > 0$表明在新农合制度医保缴费和住院补偿两个环节中，由于住院服务利用比例较低，所以补偿环节的再分配效应更有利于高收入者。

通过分析2015年和2017年中国新农合制度医保缴费、住院支付和住院补偿环节的再分配效应发现，新农合制度运行出现逆向再分配效应。通过比较2015年和2017年MT指数的绝对值，2017年的逆向再分配程度要小于2015年。

表5-8 新农合医保制度筹资和补偿环节的再分配效应

项目	基尼系数	各项目差值	MT类别	MT指数	R类别	R指数
2017年						
初始收入	0.393 8	—	—	—	—	—
医保缴费	0.395 8	A–B	MT_B	−0.002 0	R_B	−0.507 9
住院支付	0.422 0	A–C	MT_C	−0.028 2	R_C	−7.161 0
住院补偿	0.410 8	A–D	MT_D	−0.017 0	R_D	−4.316 9
—	—	D–C	MT_{DC}	−0.011 2	R_{DC}	−2.726 4
—	—	D–B	MT_{DB}	0.015 0	R_{DB}	3.651 4
2015年						
初始收入	0.382 5	—	—	—	—	—
医保缴费	0.394 0	A–B	MT_B	−0.011 5	R_B	−3.006 5
住院支付	0.407 9	A–C	MT_C	−0.025 4	R_C	−6.640 5
住院补偿	0.403 3	A–D	MT_D	−0.020 8	R_D	−5.437 9
—	—	D–C	MT_{DC}	−0.004 6	R_{DC}	−1.140 6
—	—	D–B	MT_{DB}	0.009 3	R_{DB}	2.306 0

注：1. 该表数据整理自中国家庭金融调查数据库。

2. A项目：初始收入；B项目：医保缴费，即医保缴费后收入；C项目：住院支付，即住院费用支付后收入；D项目：住院补偿，即住院费用补偿后收入。

通过对新农合制度综合分析发现，虽然筹资水平在不断提高，但整体的改善率呈下降态势。改善率的下降一方面是因为参保农村居民的收入的提高，变相抵消了补偿水平的提升；另一方面是因为低收入组改善率的大幅下降，拖累了整体的改善率。新农合制度的改善率在 2015 年和 2017 年基本都大于 0，说明新农合基金的补偿总量要大于缴费总量，这样新农合基金的年度超支情况就较为严重，必定影响到新农合医保制度的持续运行。在实际运行中，确实存在一些新农合医保基金年度超支的现象。

本研究的分析与丁少群等（2019）关于中国农村医疗保险体系减贫效应的研究结果相一致。从新农合制度的医保缴费、住院支付和住院补偿来看，新农合医保的逆向再分配效应较为显著，但在新农合基金补偿后，这种逆向再分配的程度有所缓解。

5.4　居民医保制度福利再分配效应分析

5.4.1　居民医保制度福利再分配效应衡量

从 2015 年和 2017 年的居民医保的各组收入（见表 5-9）来看，2017 年的各收入分组均值均高于 2015 年的收入均值，平均增长幅度为15.36%，低收入组增长了 18.33%，其他分组依次增长了 14.01%、10.18%、9.17%，高收入组的增长幅度最大，为 25.09%。

由于从 2014 年到 2016 年，一些省份将居民医保制度和新农合制度合并为城乡医疗保险制度，本部分将各省份中调研到的城乡居民医保制度和城镇居民医保制度进行了合并分析。

从居民医保制度的缴费率来看，2017 年的各收入组的缴费率基本上高于 2015 年的缴费率（中低收入组除外）。由于居民医保制度和新农合制度的缴费形式都是定额缴费，所以对于低收入组来说，缴费率都是各组最高的，2017 年为 13.04%，2015 年为 11.44%，较新农合制度和职工医保制度缴费率都高。特别是在合并为城乡居民医保制度之后，农村的低收入人群进行居民医保缴费是一种较大的负担。比较各收入组间的缴费率可以看出，随着收入提高，缴费率在降低，说明居民医保制度筹资呈累退性。

改善率在 2015 年均为正值，2015 年的人均改善率为 2.45%，在 2017 年改善率降低到-0.02%。在 2017 年只有低收入组的改善率为 5.84%，其他收入组群的改善率均为负值，特别是高收入组的改善率为-1.61%。从2017 年的总体情况来看，居民医保制度的筹资与支付基本持平，这与全国范围内居民医保基金面临年度赤字的情况基本一致。由于居民医保制度的筹资来自政府补助和个人缴费，个人缴费额度增加速度低于医疗费用上涨的速度，又加之合并的城乡居民医保制度急于提高福利待遇，在筹资增长不足且支出过快的情况下，各地居民医保基金超支风险时有发生。从各收入群组的改善率来看，随着收入的升高，改善率呈下降趋势，说明医疗服务利用的补偿对低收入者是有利的，居民医保制度的补偿再分配呈正效应。

表 5-9　居民医保参保居民医疗保险缴费与补偿之后的收入情况　单位：元

项目	低收入组	中低收入组	中等收入组	中高收入组	高收入组	总体
2017 年						
初始收入	7 676.76	19 409.24	27 852.60	40 064.92	98 476.17	38 684.32
医保缴费	6 964.31	18 789.19	27 197.86	39 174.64	96 700.27	37 753.77
住院支付	6 486.81	18 647.61	27 238.03	39 367.30	97 736.86	37 883.65
住院补偿	6 340.05	18 399.13	26 824.23	38 752.45	96 244.33	37 300.54
缴费率/%	13.04	3.28	2.35	2.22	2.08	6.59
改善率/%	5.84	-1.33	-1.49	-1.54	-1.61	-0.02
样本数/个	843	843	843	843	843	4 215
2015 年						
初始收入	6 487.50	17 024.41	25 278.75	36 698.07	78 721.13	32 841.97
医保缴费	6 132.11	16 426.83	24 763.46	36 039.38	77 993.68	32 263.98
住院支付	5 645.12	16 501.97	24 841.40	35 946.32	77 937.92	32 174.55
住院补偿	6 017.25	16 799.98	25 041.54	36 298.48	78 254.98	32 482.45
缴费率/%	11.44	3.57	2.08	2.04	1.39	4.11
改善率/%	8.13	1.84	0.83	0.98	0.49	2.45
样本数/个	699	699	699	699	699	3 495

注：该表数据整理自中国家庭金融调查数据库。

从 2015 年和 2017 年居民医保的各收入组收入占比分布（见表 5-10）可以看出，各收入组的占比在居民医保筹资、支付和补偿环节占比变化不显著。特别是中等收入组和中高收入组，变化极小。低收入组和中低收入组的收入占比在筹资、支付和补偿后，均呈降低趋势，而高收入组呈升高趋势。这也说明居民医保制度的各个环节的再分配效应呈逆向再分配态势。

表 5-10 居民医保参保者医疗保险缴费和补偿之后的收入分布的变化情况

项目	分组收入分布/%					基尼系数
	低收入组	中低收入组	中等收入组	中高收入组	高收入组	
2017 年						
初始收入	3.97	10.03	14.40	20.71	50.91	0.450 7
医保缴费	3.69	9.95	14.41	20.75	51.23	0.458 7
住院支付	3.42	9.84	14.38	20.78	51.60	0.465 8
住院补偿	3.40	9.87	14.38	20.78	51.60	0.467 6
2015 年						
初始收入	3.95	10.37	15.39	22.35	47.94	0.425 3
医保缴费	3.80	10.18	15.35	22.34	48.34	0.432 2
住院支付	3.51	10.26	15.44	22.34	48.45	0.441 3
住院补偿	3.70	10.34	15.42	22.35	48.18	0.432 5

注：该表数据整理自中国家庭金融调查数据库。

从表 5-11 中可以看出，2017 年住院补偿和住院支付在中等收入组、中高收入组和高收入组的 D-C 项都是 0 值，低收入组和中低收入组的 D-C 项也基本在 0 值左右摆动。这说明居民医保制度的住院补偿与住院支付对居民收入占比的影响基本一致。因为在居民医保制度合并的过程中，为了使新农合政策和城镇居民医保政策衔接合理，部分地区采取了多档缴费的方法。多档缴费是指参保者鉴于自己的身体状况选择缴费档次，身体状况好的参保者选择低档缴费，身体状况差的参保者选择高档缴费，从而出现大量逆向选择的情况，继而出现筹资后收入占比和补偿后收入占比基本一致的局面。

表 5-11 居民医保参保者医疗保险缴费和补偿之后的收入分布的变化情况

单位:%

项目	低收入组	中低收入组	中等收入组	中高收入组	高收入组
2017 年					
B−A	−0.28	−0.08	0.01	0.04	0.32
C−A	−0.55	−0.19	−0.02	0.07	0.69
D−A	−0.57	−0.16	−0.02	0.07	0.69
D−C	−0.02	0.03	0.00	0.00	0.00

表5-11（续）

项目	低收入组	中低收入组	中等收入组	中高收入组	高收入组
2015 年					
B-A	-0.15	-0.19	-0.04	-0.01	0.40
C-A	-0.44	-0.11	0.05	-0.01	0.51
D-A	-0.25	-0.03	0.03	0.00	0.24
D-C	0.19	0.08	-0.02	0.01	-0.27

注：1. 该表数据整理自中国家庭金融调查数据库。

2. A 项目：初始收入；B 项目：医保缴费，即医保缴费后收入；C 项目：住院支付，即住院费用支付后收入；D 项目：住院补偿，即住院费用补偿后收入。

5.4.2 居民医保制度福利再分配效应环节分解

从居民医保制度福利再分配的 MT 指数和 R 系数（见表 5-12）来看，2015 年和 2017 年的 MT_B、MT_C 和 MT_D 均小于 0，说明居民医保制度在医保缴费、住院支付和住院补偿环节均存在逆向再分配效应。从 R 系数的测算来看，2015 年逆向再分配效应最大环节发生在医疗费用支付环节，R_C 为 -3.762 1%，2017 年的逆向再分配效应发生在补偿环节，R_D 为 -3.746 5%。在 2015 年和 2017 年的 MT_{DB} 均为正值，说明住院补偿后的公平性要低于筹资后收入分配的公平性。

表 5-12　居民医保制度筹资和补偿环节的再分配效应

项目	基尼系数	各项目差值	MT 类别	MT 指数	R 类别	R 指数
2017 年						
初始收入	0.450 7	—	—	—	—	—
医保缴费	0.458 7	A-B	MT_B	-0.008 0	R_B	-1.775 0
住院支付	0.465 8	A-C	MT_C	-0.015 1	R_C	-3.350 3
住院补偿	0.467 6	A-D	MT_D	-0.016 9	R_D	-3.746 5
—	—	D-C	MT_{DC}	0.001 8	R_{DC}	0.374 6
—	—	D-B	MT_{DB}	0.008 9	R_{DB}	1.903 3

表5-12(续)

项目	基尼系数	各项目差值	MT 类别	MT 指数	R 类别	R 指数
2015 年						
初始收入	0.425 3	—	—	—	—	—
医保缴费	0.432 2	A–B	MT_B	−0.006 9	R_B	−1.622 4
住院支付	0.441 3	A–C	MT_C	−0.016 0	R_C	−3.762 1
住院补偿	0.432 5	A–D	MT_D	−0.007 2	R_D	−1.692 9
—	—	D–C	MT_{DC}	−0.008 8	R_{DC}	−2.034 7
—	—	D–B	MT_{DB}	0.000 3	R_{DB}	0.069 4

注：1. 该表数据整理自中国家庭金融调查数据库。

2. A 项目：初始收入；B 项目：医保缴费，即医保缴费后收入；C 项目：住院支付，即住院费用支付后收入；D 项目：住院补偿，即住院费用补偿后收入。

居民医保制度的改善率随着收入组别的升高而降低，这也体现出定额缴费的一个主要不足。这种定额缴费必定存在医保缴费的累退性，由于较高收入者的支付能力较强，其医疗服务利用也会较多，进而引发住院支付和住院补偿的逆向再分配效应发生。从居民医保制度的医保缴费、住院支付和住院补偿三个环节的 MT 指数测算结果可以看出，这个三个环节都存在不同程度的逆向再分配效应。

5.5　本章小结

本章首先对五组参保人群进行初始收入、医保缴费、住院支付和住院补偿的分析和比较。发现 2017 年职工医保制度、新农合制度和居民医保制度的参保者初始收入都有不同程度的提高。职工医保参保者个人初始收入明显高于新农合和居民医保参保者。从五组人群的缴费率和改善率来看，随着收入组别的提高，缴费率和改善率基本呈降低趋势，这说明了中国社会医疗保险制度在整个运行环节上存在福利逆向再分配效应，其中，三类社会医疗保险制度的逆向再分配程度各异。因逆向再分配效应的存在，说明中国社会医疗保险的"补偿原则"在减弱。

从 2015 年和 2017 年三类社会医疗保险制度三个环节的四个基尼系数测算（表 5-4、表 5-8、表 5-12）来看，居民医保参保者的基尼系数都较高。其中，居民医保 2017 年住院补偿的基尼系数（0.467 6）最大，2015 年新农合参保居民的初始收入基尼系数（0.382 5）最小。2017 年，新农合制度住院支付后的 MT 指数（-0.028 2）和变化比例绝对值最大值，说明新农合制度住院费支出对福利再分配效应影响较大。MT 指数的测算变化规律基本是医保缴费环节的 MT 指数绝对值最小，住院支付后的 MT 指数绝对值最大，住院补偿后的 MT 指数绝对值又变小。

本章对三类社会医疗保险制度的三个环节进行了基尼系数、MT 指数、缴费率和改善率的测算，探索了在社会医疗保险运行环节中的福利再分配效应，但不能寻找出这种再分配效应的来源，下一章将通过 AJL 模型，对三类社会医疗保险三个环节的再分配效应进行分解分析，以期对再分配效应得到更加深入的理解。

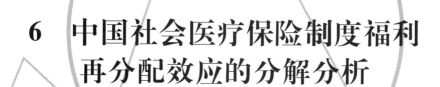

6 中国社会医疗保险制度福利再分配效应的分解分析

从上一章的分析可以看出，福利再分配效应在社会医疗保险运行的医保缴费、住院支付和住院补偿环节都存在，但各环节的福利再分配效应的来源是否一致、运行是否有所差异，还不甚明了。故本章利用 AJL 福利再分配分解模型，对三类社会医疗保险类型的各环节进行分解分析，以期发现福利再分配效应在垂直效应、水平效应和再排序效应上的差异。

6.1 再分配效应分解测算变量设定

①基尼系数：本章中使用的基尼系数和上一章节中使用的基尼系数测算样本和方法一致，均使用了第三章公式（3-11）中所示的基尼系数解析式，利用 Stata16 的 conindex 进行测算。

②集中指数：集中指数的测算和基尼系数的测算都来自于洛伦兹曲线。其具体的计算解析式见公式（3-12），通过集中曲线和对角线之间围成面积的两倍来测算集中指数。集中曲线在对角线之上，为负值，表现为集中在低收入群体；集中曲线在对角线之下，为正值，表现为集中在高收入群体；如果集中曲线和对角线有交叉，用面积的正负和值来表达集中指数的数值。

③卡瓦尼累进指数（K 值）：卡瓦尼累进指数定义为税收按照初次分配收入排序计算的集中系数与初次分配收入基尼系数的差额，测算过程参考公式（3-18）。

④垂直效应（V 值）：表示筹资能力与支付能力的相关关系如何，测算过程参考公式（3-16）。

⑤水平效应（H 值）：表示同一个收入水平组中，医保缴费等环节的再分配效应应该是相同的，测算过程参考公式（3-18）。

⑥再排序效应（R 值）：表示住院支付后收入排序变化对医保筹资公平性的影响程度，测算过程参考公式（3-20）。

⑦g 值：g 值在医保基金筹集环节（医保缴费）是指个人医保筹资数额占年度初始收入的比值；g 值在住院费用支付环节（住院支付）是指住院费用支付总额占个人年度初始收入的比值；g 值在医保基金补偿环节（住院补偿）是指住院费用补偿额度占个人年度初始收入的比值。

⑧RE 值：表示该环节福利再分配效应，测算过程参考公式（2-17）。

6.2 职工医保制度福利再分配效应分解分析

职工医保制度是中国社会医保体系中建立较早、比较成熟的一种社会医疗保险制度。职工医保制度的特点是筹资水平高、补偿比例高、分设个人账户和统筹账户。参保职工的个人账户用来支付药店购药和医疗机构门诊购药或普通门诊服务的费用。职工医保制度的统筹账户除了对住院费用进行补偿外，还对门诊慢性病进行补偿，近几年有些地方还对意外伤害进行补偿。职工医保制度的筹资政策是根据职工工资的比例进行缴费。

6.2.1 职工医保制度医保基金筹集福利再分配效应分解分析

由第 5 章表 5-1 可知，2015 年职工医保缴费率为 4.42%，2017 年缴费率为 2.08%，较 2015 年有所下降。从表 6-1 中可知，2015 年和 2017 年 K 值均小于 0，且 2015 年 K 值绝对值比 2017 年大，说明 2015 年和 2017 年职工医保筹资均存在累退性，且 2015 年的筹资累退性要大于 2017 年。代表着筹资再分配总体效应的 RE 值在 2015 年和 2017 年均为负值，说明职工医保制度在筹资环节存在逆向再分配效应，低收入职工人群的筹资负担要重于高收入人群。

从表 6-1 中的 V 值可知，其数值为负，但绝对值较小，说明虽然存在垂直效应，但垂直效应较小，即在职工不同收入分组间的这种逆向再分配作用较小。比较 2015 年和 2017 年的 V 值，状况有所好转。表 6-1 中的 H 值表明，在相同收入组内的再分配效应略微有所增加。H 值 2017 年占 RE 值的百分比为 84.66%，2015 年的占比为 71.21%，占比都较大。这说明具有相同支付能力的收入分组中存在的不平等，是造成职工医保筹资环节不平等的主要原因。

表 6-1 职工医保基金筹集前后再分配效应分析表

项目	年份	
	2017	2015
初始收入基尼系数	0.414 4	0.392 7
医保基金筹集后基尼系数	0.418 1	0.399 9
职工医保基金筹集占比：g 值	0.028 7	0.044 2
垂直效应：V 值	−0.005 9	−0.013 4
卡瓦尼累进指数：K 值	−0.199 7	−0.289 6
水平效应：H 值	0.035 8	0.034 9
再排序效应：R 值	0.000 6	0.000 7
再分配效应：RE 值	−0.042 3	−0.049 0
V 占 RE 的百分比/%	13.95	27.33
H 占 RE 的百分比/%	84.66	71.21
R 占 RE 的百分比/%	1.39	1.46
样本数/个	13 235	12 010

注：本表数据来自对中国家庭金融调查数据的整理和运算。

6.2.2 职工医保制度住院费用支付福利再分配效应分解分析

由表 6-3 可知，K 值的绝对值较大，说明在职工医保制度的住院费用支付环节，累退性较为严重。从 2017 年的各收入组人均住院费用支付情况（见表 6-2）可以说明，从低收入组的 16 293.51 元到中等收入组的 13 109.20 元，住院费用支付情况呈降低趋势。中高收入组和高收入组的个别患者的住院费用较多，标准差较其他三个收入组高出许多，说明中高收入组和高收入组有较大的住院费用支出，造成了均值的提高。从表 6-3 中 H 值、V 值和 R 值占 RE 值的百分比也可以看出，垂直方向上的占比要小于水平方向上的占比，这说明在相同支付能力的收入分组中，职工医保制度的住院费用支付存在的较大的不平等性。由于职工医保补偿政策是按照比例补偿，并且有的地方的补偿上限额度较高，这样就给了有支付能力的患者更大的住院费用支付空间，从而造成了同组中住院费用支付不平等的现象。

表6-2 2017年职工医保参保者住院费用分布

分组	人数/人	均值/元	标准差	最小值/元	最大值/元
低收入组	119	16 293.51	21 011.66	400.00	160 000.00
中低收入组	134	14 223.63	15 097.94	500.00	100 000.00
中等收入组	176	13 109.20	15 361.47	700.00	107 000.00
中高收入组	213	26 611.65	94 526.12	400.00	1 100 000.00
高收入组	259	20 200.43	65 654.85	700.00	1 000 000.00
汇总	901	18 925.98			

注：本表数据来自2017年中国家庭金融调查数据库。

表6-3 职工医保住院费用支付前后再分配效应分析表

项目	年份	
	2017	2015
初始收入基尼系数	0.414 4	0.392 7
住院费用支付后基尼系数	0.433 3	0.399 9
职工医保住院费用支付占比：g 值	0.054 5	0.036 5
垂直效应：V 值	−0.025 4	−0.017 8
卡瓦尼累进指数：K 值	−0.441 1	−0.469 3
水平效应：H 值	0.038 7	0.036 5
再排序效应：R 值	0.009 7	0.004 2
再分配效应：RE 值	−0.073 8	−0.058 0
V 占 RE 的百分比/%	34.43	31.35
H 占 RE 的百分比/%	52.46	64.10
R 占 RE 的百分比/%	13.11	4.55

注：本表数据来自对中国家庭金融调查数据的整理和运算。

6.2.3 职工医保制度医保基金补偿福利再分配效应分解分析

从表6-4可以看出，发生住院医疗费用的人数为901人，获得补偿的参保者总数为736人。实际获得的补偿比例在不同的收入组中也差异较大。实际补偿比例最高的是低收入组，达到78.57%；最低的是中高收入组，为50.76%。

表 6-4　2017 年职工医保参保者住院费用补偿分布

分组	人数/人	均值/元	实际补偿比例/%	标准差	最小值/元	最大值/元
低收入组	76	12 801.32	78.57	16 488.84	500.00	105 000.00
中低收入组	109	9 144.32	64.29	10 824.74	400.00	80 000.00
中等收入组	141	7 988.37	60.94	10 552.35	200.00	89 000.00
中高收入组	182	13 509.32	50.76	34 906.33	200.00	330 000.00
高收入组	228	15 154.63	75.02	58 496.58	450.00	850 000.00
汇总	736	12 241.77	64.68	37 828.51	200.00	850 000.00

注：本表数据来自对 2017 年中国家庭金融调查数据的整理。

　　将住院补偿环节的再分配效应分解分析（见表 6-5），g 值在 2015 年和 2017 年都为 2.82%，两年之间没有变化。K 值为负值，且绝对值较大，说明医保基金对住院费用的补偿累退性较大。这也反映了表 6-4 的低收入群体的住院补偿比例较高的情况，所以住院补偿费用是有利于低收入者的。从 V 值、H 值和 R 值占 RE 值的百分比可知，在住院费用补偿环节，延续了组内分配不平等效应占比较高的状况。

表 6-5　职工医保住院费用补偿前后再分配效应分析表

项目	年份	
	2017	2015
初始收入基尼系数	0.414 4	0.392 7
医保基金补偿后基尼系数	0.426 5	0.404 4
职工医保基金补偿占比：g 值	0.028 2	0.028 2
垂直效应：V 值	−0.011 7	−0.008 7
卡瓦尼累进指数：K 值	−0.402 9	−0.469 3
水平效应：H 值	0.038 7	0.036 3
再排序效应：R 值	0.004 4	0.002 6
再分配效应：RE 值	−0.054 8	−0.047 6
V 占 RE 的百分比/%	21.37	18.27
H 占 RE 的百分比/%	70.64	76.31
R 占 RE 的百分比/%	7.99	5.42

注：本表数据来自对中国家庭金融调查数据的整理和运算。

总之,职工医保制度在医保基金筹集、住院费用支付和住院基金补偿环节均存在累退现象,特别是在住院费用支付和住院医保补偿环节的累退性较为严重,在医保基金筹资环节虽有累退现象,但程度较轻,说明职工医保制度按照工资的一定比例缴费有效缓解了筹资的累退性。从垂直效应、水平效应和再排序效应的分解分析来看,住院费用支付环节的垂直效应、水平效应和再排序效应测算绝对值均为最高,说明职工医保参保者的住院费用支付环节发生的再分配效应不公平性最为严重。

从垂直效应、水平效应和再排序效应的占比来看,水平效应占比在2015年和2017年的三个环节均为最高,表明再分配效应的不平等主要发生在水平方向,相同收入水平的参保者缴纳了不同程度的医保基金、支付了不同程度的住院费用,从而获得了不同程度的住院补偿费用,主要体现了相同收入的职工医保参保者对于住院服务利用程度的不同。

6.3 新农合制度福利再分配效应分解分析

新农合制度作为惠及数万亿广大农村居民的社会医疗保险制度,在避免参保居民"因病返贫、因病致贫"方面,成效显著。新农合制度不仅提高了参保居民的卫生服务利用率,而且对于优化基层医疗机构的卫生资源配置,也起到了显著的推动作用。特别是在2002—2004年,新农合制度在发展初期对基层医疗机构的资源配置效率、运行效率等方面,均起到了较大的提升作用。这些提升作用都是从宏观或者中观的视角研究和观察得出,没有涉及每一个参保的个体,只有通过参保者相互之间的作用,才能发现蕴藏在政策中的潜在规律。

在新农合制度运行期间,有几个重要环节影响到新农合制度的再分配效应,比如医保基金筹集。新农合制度的医保基金筹集一部分来自政府补助,另一部分由个人缴纳。其中,政府补助部分来自中央政府、省级政府、地市级政府和县级政府财政补助。政府财政补助通过财政转移支付的方式来调节居民的收入再分配。对于低收入者来说,随着新农合筹资水平的不断提高,新农合的筹资额度成为低收入者的经济负担,如果低收入者不能缴纳自付的医保基金额度,政府将不会对其进行财政补助。在此环节就会由于参保者个人或者家庭收入的问题,造成不能获得政府补助的事实上的再分配不平等的情况。再有，因为筹资水平的提高，较为健康的年轻人考虑到新农合制度没有个人账户，采用"现收现付制"的医保基金筹集模式，又预计自身本年度没有医疗服务，就会出现较为严重的"逆向选择风险"，从而影响到新农合医保基金的筹集。为了避免在一个家庭中存在不同的缴费标准，例如仅仅给老年人和学龄前儿童参保，部分地区出台了整体家庭采用一个缴费标准参保的政策，这样就会避免医保基金筹资不足的问题。

6.3.1　新农合制度医保基金筹集福利再分配效应分解分析

表 6-6 中的 g 值是新农合医保缴费与个人年度总收入之间的比值，代表参保者的缴费率。从表 6-6 可以看出，2015 年的缴费率为 0.98%，2017 年的缴费率为 1.42%，2017 年较 2015 年上升幅度较大，提高了 75.51%。从 K 值小于 0 可以看出，新农合制度的医保缴费筹资是累退性的。2015 年的 K 值为 -0.365 0，2017 年变为 -0.369 5，说明累退性增加了，新农合制度的医保筹资更不利于低收入者，垂直再分配效应 V 值小于 0，也说明了这一情况。

H 值在 2017 年较 2015 年有所增加，说明新农合制度筹资再分配效应在水平方向上更加不平等，表明同等收入组的参保缴费情况的不平等性在增加。从 V 值、H 值和 R 值占 RE 值的百分比可以看出，新农合制度筹资再分配效应的不平等主要发生在水平方向，H 值在 RE 值的占比在 2015 年为 87.41%，2017 年为 77.58%。R 值表示的筹资后再排序效应引发的不平等占比较小，2017 年为 7.52%，2015 年为 0.1%，说明在新农合医保筹资环节，参保者收入在整个人群里面的排序并没有很大改变。

新农合筹资环节的不平等在垂直效应、水平效应和再排序效应方面都有体现，但水平效应表现最为显著。

表 6-6　新农合医保缴费前后再分配效应分析表

项目	年份	
	2017	2015
初始收入基尼系数	0.393 8	0.392 5
医保基金筹集后基尼系数	0.395 8	0.394 0
新农合医保基金筹资占比：g 值	0.014 2	0.009 8
垂直效应：V 值	-0.005 3	-0.003 6
卡瓦尼累进指数：K 值	-0.369 5	-0.365 0

表6-6(续)

项目	年份	
	2017	2015
水平效应：H 值	0.027 8	0.025 4
再排序效应：R 值	0.002 7	0.000 03
再分配效应：RE 值	−0.035 8	−0.029 0
V 占 RE 的百分比/%	14.91	12.50
H 占 RE 的百分比/%	77.58	87.41
R 占 RE 的百分比/%	7.52	0.10
样本量/个	12 549	12 904

注：本表数据来自对中国家庭金融调查数据的整理和运算。

6.3.2 新农合制度住院费用支付福利再分配效应分解分析

2015 年，新农合制度的住院人均补偿费用为 129.38 元，人均缴费费用为 102.40 元，补偿费用占缴费费用的 126.35%。仅统计有住院发生的新农合参保者的平均住院补偿费用为 3 352.38 元，仅统计有住院发生的参保者的新农合缴费均值为 105.58 元，补偿收益程度为 31.75 倍。有住院发生的参保者的住院平均费用为 9 929.57 元，有效补偿比例为 33.76%。有住院发生的参保者的人均住院实际负担为 6 577.19 元，有住院支出的参保者的人均收入为 22 444.41 元，有住院发生的实际人均负担率为 25.21%。

使用再分配效应分解模型对新农合参保者的住院费用支付前后进行分析如下。新农合 2017 年全部参合者的平均住院费用为 820.09 元，全体参合者的初始平均收入为 28 141.23 元，占比为 2.91%；如果仅统计有住院发生的参合者的住院平均费用为 12 846.09 元，有住院发生的参合者的初始年收入均值为 21 812.31 元，住院费用占比为 58.98%。从 g 值可以看出，2015 年新农合的参合者的住院平均支出率为 6.15%，到 2017 年增长到 9.49%。在 2017 年新农合参合者 12 549 个样本中，有 800 人发生过住院费用，住院率为 6.38%，有住院费用发生的平均住院费用为 12 846.09元，最小的为 50 元，最大的为 223 333.00 元。

从前面的分析（见表5-5）可以看出，2017 年参加新农合的参合者低收入组的人均收入为 5 889.94 元，平均住院费用是低收入组人均收入的 2.18 倍。从 2017 年新农合参合者住院费用分布情况表（见表6-7）可以看出，低收入组的人数最多，人均住院费用也最高，为 13 642.87 元，高于住院者平均费用。所以，在低收入组中如果发生住院医疗服务利用，就会较大概率地出现"因病返贫、因病致贫"现象，灾难性医疗支出在低收入群组中发生的概率较大。

表6-7　2017 年新农合参保者住院费用分布

分组	人数/人	均值/元	标准差	最小值/元	最大值/元
低收入组	241	13 642.87	18 796.57	100.00	100 000.00
中低收入组	200	11 929.06	18 899.89	300.00	140 000.00
中等收入组	156	13 617.35	22 363.64	300.00	170 000.00
中高收入组	107	13 304.23	24 114.18	500.00	223 333.00
高收入组	96	11 142.35	15 934.52	50.00	100 000.00
汇总	800	12 727.17		250.00	146 666.60

注：本表数据来自对 2017 年中国家庭金融调查数据的整理。

从表6-8 可以看出，2017 年的 K 值为-0.623 0，2015 年为-0.476 8。K 值为负，说明支付住院费用后个人收入的集中指数小于初始收入的基尼系数，住院费用支付后的收入在人群中分布比初始收入在人群中分布更加不公平。低收入人群的住院费用支付集中程度要大于相应初始收入集中程度，住院费用支付在整个人群中是累退的，K 值越小，累退性越大，住院费用对低收入人群的负担越重。

从 V 值、H 值和 R 值和三者占 RE 值的百分比来看，在新农合医保住院费用支付后的再分配效应分解过程中，垂直再分配效应占比较大，2015 年和 2017 年分别为 47.38% 和 58.86%，说明再分配效应主要体现为不同收入组之间的不平等。低收入组支付了较多的住院费用。

表6-8　新农合医保住院费用支付前后再分配效应分析表

项目	年份	
	2017	2015
初始收入基尼系数	0.393 8	0.392 5
住院费用支付后基尼系数	0.422 0	0.407 9
新农合住院费用支付占比：g 值	0.094 9	0.061 5
垂直效应：V 值	-0.065 3	-0.031 2
卡瓦尼累进指数：K 值	-0.623 0	-0.476 8

表6-8(续)

项目	年份	
	2017	2015
水平效应：H 值	0.032 6	0.028 1
再排序效应：R 值	0.013 1	0.006 6
再分配效应：RE 值	−0.111 0	−0.065 9
V 占 RE 的百分比/%	58.86	47.38
H 占 RE 的百分比/%	29.35	42.65
R 占 RE 的百分比/%	11.78	9.97

注：本表数据来自对中国家庭金融调查数据的整理和运算。

6.3.3 新农合制度医保基金补偿福利再分配效应分解分析

从表6-9可以看出，g 值在2017年为0.029 7，2015年为0.017 9，介于缴费率（见表6-6）和住院费用支付率（见表6-8）之间。补偿后的累进性K 值仍然为负值，且绝对值较大，说明补偿能够侧重于较低收入群体。从V 值、H 值和R 值及其占 RE 值的百分比可以看出，水平效用的百分比较大，说明在新农合基金对医保基金补偿后，筹资和支付再分配的垂直效应不足被弥补，在相同收入分组中的不平等成为主要影响因素。

表6-9 新农合医保基金补偿前后再分配效应分析表

项目	年份	
	2017	2015
初始收入基尼系数	0.393 8	0.392 5
医保基金补偿后基尼系数	0.410 8	0.403 3
新农合医保基金补偿占比：g 值	0.029 7	0.017 9
垂直效应：V 值	−0.017 5	−0.009 9
卡瓦尼累进指数：K 值	−0.571 3	−0.543 8
水平效应：H 值	0.030 7	0.027 2
再排序效应：R 值	0.008 3	0.004 8
再分配效应：RE 值	−0.056 4	−0.042 0
V 占 RE 的百分比/%	30.97	23.66
H 占 RE 的百分比/%	54.37	64.86
R 占 RE 的百分比/%	14.66	11.48

注：本表数据来自对中国家庭金融调查数据的整理和运算。

总之，新农合制度在医保基金筹集、住院费用支付和住院基金补偿环节的累退性较为严重，特别是在住院费用支付环节，在 2017 年 K 值的绝对值高达 0.623（见表 6-8）。这也说明在新农合参保者中，由于住院费用支付造成的较为严重的累退性，在住院基金补偿后，其累退性有所缓解。新农合制度的医保基金筹集环节的累退性，以及其高于职工医保制度医保基金筹集环节的累退性，说明新农合制度的定额筹资造成了较为严重的累退性。

从再分配效应的分解情况来看，新农合制度医保基金筹资和医保基金补偿环节的水平效应占比较大，在住院费用支付环节的垂直效应占比较大。这说明住院费用支付在不同收入人群之间的差异较大；而在医保基金筹资和医保基金补偿环节，相同收入水平人群的筹资水平和补偿水平不同，存在水平效应的不平等。

6.4　居民医保制度福利再分配效应分解分析

居民医保制度是在 2009 年实施的社会医疗保险制度，其针对的参保人员是城镇中没有固定职业人员、老年人、儿童和学生。居民医保制度在发展过程中，经历了建立、发展、合并和普及的过程。从表 6-10 中可以看出，居民医保制度的筹资率 g 在 2015 年为 4.11%，到 2017 年居民医保的缴费率上升到 6.59%，这与近几年不断上涨的医保筹资分不开。在新农合制度和居民医保制度合并的过程中，既要保证原有参保的城镇居民福利不损失，又要使合并的新农合参保者福利提高，居民医保制度必须通过提高筹资水平来保证参保居民福利不降低，这也保证了基金不超支。所以，近几年居民医保筹资水平增长较快。

6.4.1　居民医保制度医保基金筹集福利再分配效应分解分析

从表 6-10 中可以看出，K 值为负值，但相对于职工医保制度和新农合制度来说，该数值是介于两者之间的，大于新农合制度的 K 值，又小于职工医保制度的 K 值。说明居民医保制度的筹资是累退性，这种累退性优于新农合制度，比职工医保制度要不足。居民医保筹资过程的 RE 值小于 0，表明居民医保制度存在医保筹资环节的逆向再分配效应。在居民医保筹资过程中，不利于低收入者。从 V 值、H 值和 R 值占 RE 值的百分比可以看出，在 2015 年和 2017 年，再分配效应的水平效应占比较大。这说明虽然在不同收入分组之间存在一定的逆向再分配效应，对低收入者不利，但逆向再分配的效应，在同一收入水平组之间的分配不平等更加明显。

表 6-10　居民医保缴费前后再分配效应分析表

项目	年份	
	2017	2015
初始收入基尼系数	0.450 7	0.425 3
医保基金补偿后基尼系数	0.458 7	0.432 2
居民医保筹资占比：g 值	0.065 9	0.041 1
垂直效应：V 值	−0.016 8	−0.011 0
卡瓦尼累进指数：K 值	−0.238 4	−0.257 0
水平效应：H 值	0.045 9	0.032 6
再排序效应：R 值	0.004 2	0.001 0
再分配效应：RE 值	−0.066 9	−0.044 7
V 占 RE 的百分比/%	25.16	24.62
H 占 RE 的百分比/%	68.59	73.05
R 占 RE 的百分比/%	6.25	2.33

注：本表数据来自对中国家庭金融调查数据的整理和运算。

居民医保参保者的住院费用支付环节是福利再分配的一个重要环节。在 2017 年参保居民的人均住院费用占到人均年度收入的 12.41%，在 2015 年占到 5.00%。如果只看 2017 年参保者的住院费用补偿分布情况，则如表 6-11 所示。

表 6-11　2017 年居民医保参保者住院费用补偿分布

分组	人数/人	均值/元	标准差	最小值/元	最大值/元
低收入组	74	13 555.81	17 329.66	400	90 000
中低收入组	63	10 191.27	12 864.43	300	86 000
中等收入组	46	11 249.28	13 749.09	1 000	78 000
中高收入组	42	14 002.38	18 578.71	1 200	100 000
高收入组	35	17 785.71	25 765.24	1 200	140 000
汇总	260	12 974.03	17 455.70	300	140 000

注：本表数据来自对 2017 年中国家庭金融调查数据的整理。

6.4.2 居民医保制度住院费用支出福利再分配效应分解分析

从表 6-12 可以看出，K 值为负，住院费用支出是累退的，从表 6-11 中不同收入组的住院费用支付均值可以看出，在低收入群组中，住院均值为 13 555.81 元，高于中低收入者和中等收入者的平均住院费用。从表 6-12 的 V 值、H 值和 R 值占 RE 值的百分比也可以看出，2017 年 V 值的占比为 60.09%，2015 年的 H 值占比为 53.85%，再分配效应在垂直效应和水平效应之间进行了互换。

表 6-12　居民医保住院费用支付前后再分配效应分析表

项目	年份	
	2017	2015
初始收入基尼系数	0.450 7	0.425 3
医保基金补偿后基尼系数	0.465 8	0.441 3
居民医保住院费占比：g 值	0.124 1	0.050 0
垂直效应：V 值	−0.082 3	−0.022 4
卡瓦尼累进指数：K 值	−0.580 7	−0.426 6
水平效应：H 值	0.047 5	0.034 5
再排序效应：R 值	0.007 2	0.007 1
再分配效应：RE 值	−0.136 9	−0.064 0
V 占 RE 的百分比/%	60.09	35.04
H 占 RE 的百分比/%	34.66	53.85
R 占 RE 的百分比/%	5.24	11.11

注：本表数据来自对中国家庭金融调查数据的整理和运算。

从表 6-13 可知，2017 年各收入分组居民医保的住院补偿人数随着收入的升高而呈明显的下降趋势，这与居民医保发生住院费用的参保者的情况一致。补偿比例在不同收入分组中基本保持平衡。

表 6-13　2017 年居民医保参保者住院费用补偿分布

分组	人数/人	均值/元	实际补偿比例/%	标准差	最小值/元	最大值/元
低收入组	66	7 225.38	53.30	9 905.72	250	54 600
中低收入组	48	6 525.63	64.03	11 249.46	180	73 000
中等收入组	35	5 796.20	51.53	7 054.09	400	30 000

表6-13(续)

分组	人数/人	均值/元	实际补偿比例/%	标准差	最小值/元	最大值/元
中高收入组	34	6 829.12	48.77	7 630.67	840	30 000
高收入组	27	8 837.04	49.69	10 525.65	400	50 000
汇总	210	6 970.30	53.72	9 528.74	180	73 000

注：本表数据来自对2017年中国家庭金融调查数据的整理。

6.4.3 居民医保制度医保基金补偿福利再分配效应分解分析

从补偿前后再分配效应分解分析（见表6-14）来看，K值为负，并且绝对值较大。说明在居民医保住院补偿环节，是累退的。这种累退性在补偿环节，是有利于低收入人群的。从V值、H值和R值占RE值的百分比来看，2015年的水平效应较为显著，2017年的垂直效应和水平效应占比均等。

表6-14　居民医保住院费用补偿前后再分配效应分析表

项目	年份	
	2017	2015
初始收入基尼系数	0.450 7	0.425 3
医保基金补偿后基尼系数	0.467 6	0.432 5
居民医保住院补偿占比：g值	0.065 7	0.024 5
垂直效应：V值	−0.044 9	−0.011 5
卡瓦尼累进指数：K值	−0.638 7	−0.455 6
水平效应：H值	0.048 1	0.032 8
再排序效应：R值	0.008 3	0.003 5
再分配效应：RE值	−0.101 3	−0.047 7
V占RE的百分比/%	44.35	24.02
H占RE的百分比/%	47.45	68.70
R占RE的百分比/%	8.20	7.28

注：本表数据来自对中国家庭金融调查数据的整理和运算。

总之，居民医保制度在医保基金筹集、住院费用支付和医保基金补偿环节均表现出累退性，特别是在2017年医保基金补偿环节表现尤为突出，K值的绝对值高达0.638 7，在以上分析的三类社会医疗保险类型的三个环节中是最高的。这说明居民医保制度在不断完善的过程中，虽然覆盖面不断扩大，补偿比例不断提高，但在固定额度筹资的政策下，由于卫生服务利用行为的不同，造成医保基金运行过程中的累退性较为严重。

从居民医保制度医保基金筹集、住院费用支付和医保基金补偿三个环节的再分配效应分解分析来看，状况与新农合制度的分解分析基本一致。这也从福利分配视角说明，新农合制度与居民医保制度先行合并的必要性。

6.5 本章小结

本章在第 5 章 MT 指数测算的基础上，利用 AJL 模型对三类社会医疗保险三个环节的福利再分配效应，进行了三个维度的分解分析。分析发现三类社会医疗保险在筹资环节、住院费用支付环节和基金补偿环节均存在福利再分配的累退性，均对低收入者不利，逆向再分配存在的程度各异。其中，三类社会医保制度的住院费用补偿环节福利分配累退性最高；居民医保制度的基金补偿环节累退性也较高；职工医保制度的筹资环节、住院费用支付和基金补偿环节的累退性相对较低。这与第 5 章的 MT 指数测算福利在分配效应的结论基本一致。从中国三类社会医疗保险制度三个环节的再分配效应分解的累退性来看，由于新农合制度和居民医保制度都是定额筹资，由筹资政策引发的制度运行环节累退性较职工医保制度要更严重。特别是 2017 年的职工医保制度的筹资环节，是三类社会医疗保险三个环节中累退性最小的。

从 AJL 模型再分配效应中垂直效应、水平效应和再排序效应的占比来看，职工医保制度的垂直效应不公平在三个环节的占比一直较小，不公平的主要来源是水平效应的不公平。再排序效应占比也较小，在 2017 年时，再排序效应占比超过 10%，说明在职工住院费用支出后，改变了收入分组，灾难性医疗支出可能会引发再排序效应的占比增加。

经过本章社会医疗保险福利再分配效应的分解分析，可以对影响福利再分配效应的来源进行探索，利用合理的因果推算方法来研究影响福利再分配的因素，以找准制度改善的政策靶点。

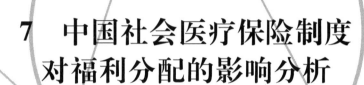

7 中国社会医疗保险制度对福利分配的影响分析

社会医疗保险制度作为一种主要的社会福利分配机制，在调节健康者与患病者之间的社会福利分配方面发挥着重要的作用。同时，社会医疗保险制度在发挥社会福利再分配机制作用的过程中，也调节了年轻人和老年人、低收入者和高收入者之间的福利分配关系。

社会福利，特别是当前所有社会公民共同创造的社会财富，都应该分享给所有的社会成员。从中国社会医疗保险制度发展历程来看，用身份对参保者进行分类是主要的参保依据，特别是职工医保制度，它是有固定工作的社会成员才能参加的一种筹资额度高、报销比例高的社会医疗保险。虽然政府没有直接对职工医疗保险进行财政补助，但国家也通过免除企业为职工所缴纳的社会医疗保险的税收来减轻企业的支出负担，所以，职工医保制度也是间接接受了政府的财政补助。

因此，中国社会医疗保险制度对于全体参保的社会成员，都具有一定的社会福利再分配的效应。中国的社会医疗保险制度具有福利的普惠性，实现了医疗资源的再分配，维护了社会成员的尊严。在中国现行的社会医疗保险体制下，参保者和未参保者对于医疗服务利用的情况是否存在差异，这种差异用实际货币单位度量有多大，作为福利再分配手段的社会医疗保险体制发挥了怎样的调节作用，不同收入群体在获得医疗保险提供的社会福利中相互之间的差异有多少，都是本章关注的重点。

本章利用倾向得分匹配法对职工医保制度、新农合制度和居民医保制度的参保者和未参保者进行匹配分析，得出在不同类型社会医疗保险影响下，家庭医疗支出和住院费用支出在参保者和未参保者之间的差异，从而发现社会福利在其间的分配差异。同时利用分位数回归将社会医保净福利在不同收入群组、年龄群组等之间的分配进行测算，探索社会福利在社会医疗保险体制下的具体分配情况。

7.1 职工医保制度对家庭医疗支出的影响分析

7.1.1 职工医保制度对家庭医疗支出的影响因素分析

查阅相关文献可以发现，影响家庭医疗支出的因素较为复杂。其中，医保制度成为影响家庭医疗支出的关键因素。为有效评价城镇职工医疗保险制度对于家庭医疗支出的影响程度，本章在分析 CHFS2017 年家庭金融调查数据的基础上，通过线性回归分析找出影响家庭医疗支出的相关因素。

影响家庭医疗支出的变量如表 7-1 所示，其中，是否参加职工医保，是衡量医保影响效应的关键指标。参加了职工医保取值为 1，没有任何社会医保取值为 0，在考察的个体中，有 12 683 个个体参加了职工医保，有 2 555 个个体没有参加任何社会医保。其他因素包括年龄、性别、文化程度、婚姻状况、户口类型、身体状况和初始收入 7 个变量，省份变量作为固定效应变量也加到模型中。

从表 7-1 影响家庭医疗支出的因素回归分析的 7 个模型可以看出，不管是增加几个其他各类不同的协变量，是否参加职工医保这一变量对于家庭医疗支出的影响都是显著的，为利用该变量分析家庭医疗支出的差异提供了可靠的理论依据。加入年龄和性别协变量后发现，两个协变量均无统计学意义，说明个人的年龄和性别对家庭医疗支出没有影响。文化程度、婚姻状况、户口类型和身体状况有部分值具有一定的影响作用，特别是身体状况，对于家庭医疗支出具有显著的影响作用。初始收入也对家庭医疗支出没有显著影响。省份的固定效应除去个别省份没有影响以外，其他省份均有显著影响。

表7-1 影响家庭医疗支出的因素分析

变量	模型						
	(1)	(2)	(3)	(4)	(5)	(6)	(7)
是否参加职工医保	2 976.04***	2 765.12***	2 460.23***	2 494.05***	2 609.81***	2 532.04***	2 190.41**
	(522.16)	(480.60)	(640.94)	(728.67)	(730.57)	(736.57)	(678.17)
年龄	—	71.42	77.11	43.95	23.37	23.83	17.15
		(44.95)	(46.62)	(37.67)	(40.34)	(40.34)	(41.28)
性别	—	-414.95	-375.45	-723.85	-692.16	-563.30	-641.96
		(590.15)	(590.80)	(768.23)	(753.30)	(766.23)	(780.73)
文化程度							
小学	—	—	-297.68	722.13	1 237.13	1 347.89	1 373.27
			(1 683.27)	(2 172.21)	(2 124.36)	(2 122.81)	(2 133.73)
初中	—	—	2 094.98	3 732.00	4 588.67	4 680.63	4 584.25
			(2 010.56)	(2 907.81)	(2 816.57)	(2 811.14)	(2 762.13)
高中	—	—	1 988.01	3 180.36	4 289.66	4 327.82	4 180.55
			(1 821.73)	(2 470.83)	(2 386.73)	(2 385.44)	(2 382.65)
中专/职高	—	—	791.04	1 952.87	3 066.09	3 052.18	2 744.63
			(1 806.95)	(2 450.55)	(2 349.17)	(2 349.29)	(2 323.23)
大专/高职	—	—	2 062.71	3 040.19	4 269.70	4 176.16	3 984.59
			(1 798.00)	(2 400.40)	(2 322.02)	(2 326.23)	(2 306.78)
大学本科	—	—	1 766.69	2 811.11	4 120.17	3 815.45	3 553.84
			(1 881.52)	(2 538.58)	(2 416.45)	(2 431.08)	(2 414.18)

表7-1（续）

变量	模型						
	(1)	(2)	(3)	(4)	(5)	(6)	(7)
硕士研究生	—	—	3 120.39	4 152.14	5 438.63*	4 678.14	3 758.12
			(2 185.43)	(2 759.64)	(2 652.08)	(2 685.18)	(2 618.41)
博士研究生	—	—	1 412.17	2 744.57	3 659.63	2 946.79	1 288.60
			(2 796.54)	(3 261.82)	(3 148.38)	(3 218.20)	(3 167.70)
婚姻状况							
已婚	—	—	—	-1 455.74	-1 411.02	-1 589.15	-1 168.42
				(805.42)	(799.01)	(814.88)	(787.90)
同居	—	—	—	-5 007.85***	-5 746.34***	-5 820.20***	-5 849.72***
				(1 121.45)	(1 143.91)	(1 151.20)	(1 249.63)
分居	—	—	—	100 395.39	98 580.12	98 525.06	99 523.58
				(94 209.20)	(94 633.48)	(94 653.41)	(94 254.26)
离婚	—	—	—	1 031.27	452.33	303.54	731.73
				(2 223.78)	(2 168.06)	(2 172.47)	(2 191.15)
丧偶	—	—	—	28 844.67	28 531.55	28 388.83	28 845.56
				(23 908.64)	(23 904.30)	(23 919.95)	(23 946.95)
再婚	—	—	—	-4 153.57	-5 271.20*	-5 558.59*	-4 171.20
				(2 806.96)	(2 577.30)	(2 604.00)	(2 565.55)

表7-1(续)

变量	模型						
	(1)	(2)	(3)	(4)	(5)	(6)	(7)
户口类型							
非农业	—	—	—	1 346.88*	1 260.71*	1 278.54*	1 008.65
				(600.93)	(598.64)	(598.82)	(600.59)
统一居民	—	—	—	2 330.66	2 349.07	2 315.65	2 093.19
				(1 689.70)	(1 760.73)	(1 763.10)	(1 693.53)
其他	—	—	—	-2 210.11	-2 172.74	-2 163.98	-1 208.58
				(2 375.24)	(2 334.32)	(2 339.75)	(2 323.85)
身体状况							
好	—	—	—	—	-57.12	-38.49	-141.01
					(1 122.80)	(1 124.38)	(1 135.46)
一般	—	—	—	—	1 534.82	1 599.59	1 295.68
					(1 384.91)	(1 390.89)	(1 472.61)
不好	—	—	—	—	9 540.22**	9 646.34**	9 511.56**
					(3 061.38)	(3 067.87)	(3 082.00)
非常不好	—	—	—	—	6 651.87*	6 772.88*	5 847.34
					(3 351.72)	(3 356.45)	(3 547.41)
初始收入	—	—	—	—	—	0.01	0.01
						(0.01)	(0.01)

表7-1（续）

变量	模型						
	(1)	(2)	(3)	(4)	(5)	(6)	(7)
省份							
天津市	—	—	—	—	—	—	−5 851.72
							(4 584.78)
河北省	—	—	—	—	—	—	−10 156.87*
							(4 106.38)
（其他省份略去）							
宁夏回族自治区	—	—	—	—	—	—	−14 110.25***
							(3 983.35)
常数项	5 822.85***	3 266.74	1 511.65	1 483.31	382.78	99.20	11 782.43**
	(344.99)	(1 734.06)	(2 819.06)	(3 155.11)	(2 843.69)	(2 844.77)	(4 478.42)
观测值	15 309	15 306	15 295	15 245	15 244	15 244	15 244
R^2	0.001	0.001	0.001	0.01	0.01	0.01	0.02

注：1. 括号内为标准误，*** 表示 $P<0.001$，** 表示 $P<0.01$，* 表示 $P<0.05$；

2. "—" 表示该变量没有被选入本次模型。

7.1.2 职工医保制度对家庭医疗支出的因果效应分析

根据线性回归分析的结果发现，是否参加职工医保对家庭医疗支出影响差异显著。但仅通过线性回归不能说明职工医保制度与家庭医疗支出之间的因果关系。只有通过匹配控制其他协变量，才能有效比较有职工医保和没有任何医保的家庭医疗支出的差异，从而得出家庭医疗支出是参加职工医保后引发的，进而完成社会医疗保险制度与家庭医疗支出之间的因果判断。

根据以上对影响家庭医疗支出因素的分析，利用 Stata16 中的 teffects psmatch 命令对是否参加职工医保进行包括年龄、性别、文化程度、婚姻状况、户口类型、身体状况、初始收入、省份作为协变量的倾向得分匹配分析，过程如下所述。

（1）匹配算法选择

由不同的匹配方法所计算的处理组系数有所差异。本文分别测算了近邻匹配、贪婪匹配、精确匹配等。具体匹配分析结果见表 7-2。

表 7-2 职工医保家庭医疗支出匹配分析结果

匹配方法	系数	标准误	Z 值	P 值	95%置信区间	
					下限	上限
近邻匹配	3 156. 96	693. 49	4. 55	0. 000	1 797. 74	4 516. 19
贪婪匹配（欧氏距离）	3 293. 80	604. 53	5. 45	0. 000	2 108. 94	4 478. 66
贪婪匹配（马氏距离）	2 846. 63	804. 93	3. 54	0. 000	1 268. 99	4 424. 27
精确匹配（身体状况）	2 898. 52	785. 50	3. 69	0. 000	1 358. 97	4 438. 08
精确匹配（性别）	2 911. 07	787. 73	3. 70	0. 000	1 367. 15	4 454. 99
精确匹配（婚姻状况）	2 863. 34	809. 41	3. 54	0. 000	1 276. 92	4 449. 77

对影响家庭医疗支出的收入分组、年龄、文化程度、户口类型、婚姻状况、性别、身体状况、省份 8 个因素进行匹配分析后发现，参加职工医保个体的家庭医疗支出比没有参加任何医保的家庭医疗支出高出 2 846. 63 元到 3 293. 80 元，并且均有统计学意义。这说明参加职工医保的家庭医疗支出显著高于没有参加任何医保的。

对照表 7-1 的线性回归模型分析来看，在其他因素进入模型后，消减了是否参保这个处理因素对家庭医疗支出的影响程度。在没有进行协变量匹配，仅有是否参加职工医保一个因素时，参加职工医保的家庭比没有任何医保的家庭的医疗支出平均高出 2 976.04 元。加入年龄、性别后分析发现，平均高出的值降低为 2 765.12 元，说明加入的协变量稀释了是否参加职工医保的影响作用。再加入其他的协变量后分析发现，当加入各省份的固定效应变量后，影响降低到 2 190.41 元。比较线性回归的结果，经协变量匹配分析后发现，可以认为参加职工医保的家庭医疗支出比没有参加社会医疗保险的家庭多支出 3 293.80 元。

（2）匹配效果分析

用性别精确匹配的匹配效果来看，匹配后的分析效果明显好于匹配之前。处理组数据，即参加职工医保的个体共有 12 683 个，没有参加医保的个体有 2 555 个，匹配过程按照反事实理论框架实施，共有 30 476 个个体匹配，其中控制组 12 683 个，处理组也是 12 683 个个体。具体各协变量匹配效果分析见表 7-3。从表中可以看出，近邻匹配后，收入分组、年龄、文化程度和户口类型 4 个变量匹配较好，标准差异在匹配后的绝对值为 0.00 或 0.01。变量比率在匹配后也基本接近 1。

表 7-3 匹配效果分析

协变量	标准差异		变量比率	
	原始	匹配后	原始	匹配后
收入分组	0.72	0.00	0.87	0.97
年龄	0.26	−0.01	0.76	0.81
文化程度	0.86	0.00	0.94	0.87
户口类型	−0.02	0.01	0.50	1.33
婚姻状况	0.07	−0.06	0.65	0.63
性别	0.05	0.03	1.02	1.01
身体状况	−0.05	0.09	0.83	0.96
省份	−0.05	0.03	1.11	1.06

婚姻状况在匹配后效果变差，将其进行精确匹配后，其他变量的匹配指标也呈较好态势（见表 7-4）。

表 7-4　婚姻状况精确匹配效果分析

协变量	标准差异		变量比率	
	原始	匹配后	原始	匹配后
收入分组	0.72	0.05	0.87	0.98
年龄	0.26	0.06	0.76	1.01
文化程度	0.86	0.08	0.94	0.96
户口类型	−0.02	0.00	0.50	1.00
婚姻状况	0.07	0.00	0.65	1.00
性别	0.05	0.00	1.02	1.00
身体状况	−0.05	0.01	0.83	1.04
省份	−0.05	0.00	1.11	1.13

各协变量匹配效果见下面四个图。从图 7-1 中可以看出，匹配效果较好，能够较为有效地说明参加职工医保能够有效增加家庭医疗支出。年龄、身体状况和收入分组情况的匹配分别见图 7-2 至图 7-4。

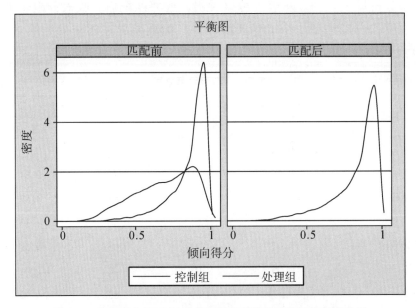

图 7-1　是否参加职工医保对家庭医疗支出影响总体匹配效果

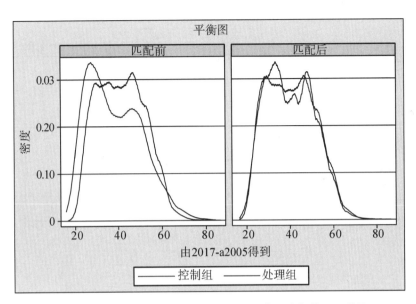

图 7-2 是否参加职工医保对家庭医疗支出影响年龄匹配效果

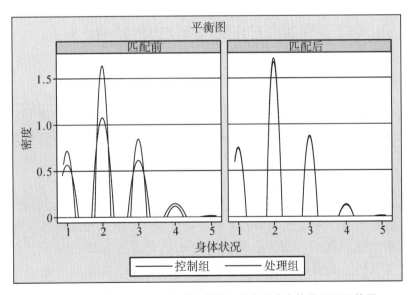

图 7-3 是否参加职工医保对家庭医疗支出影响身体状况匹配效果

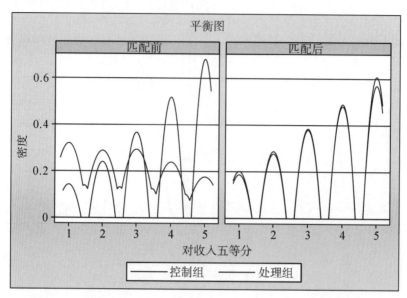

图7-4 是否参加职工医保对家庭医疗支出影响收入状况匹配效果

7.2 职工医保制度对住院医疗支出的影响分析

7.2.1 影响住院医疗支出的因素分析

影响住院医疗支出的因素包括自身健康条件、社会经济因素等，还包括其他户口条件、教育水平等各类因素。为了提高因果判断的效率，排除其他因素对个人住院医疗支出的影响，本节首先利用线性回归分析方法，探索哪些因素影响了个人2017年住院医疗支出。

从表7-5的7个回归模型分析中可以看出，2017年个人总共的住院医疗支出受是否参加职工医保影响作用一直显著。从是否参加职工医保这一变量来看，个人2017年总共住院医疗支出平均差值为852.79元，在加入其他协变量后，其影响逐步减小。年龄对个人2017年总共住院医疗支出影响不确定，与其他变量有交互作用；在分别加入性别、文化程度、婚姻状况和户口类型后，影响显著性均逐渐降低；当加入身体状况后，年龄对个人总共住院支出影响不再显著。性别对住院医疗支出影响不显著。文化程度和婚姻状况对住院医疗支出影响较为显著。身体状况对住院医疗支出的影响也较为显著，并且随着身体状况变差，住院医疗支出呈逐步升高趋势。初始收入对住院医疗支出影响显著。省份的固定效用影响均不显著。

表7-5　影响住院医疗支出的因素分析

变量	模型						
	(1)	(2)	(3)	(4)	(5)	(6)	(7)
是否参加职工医保	852.79***	721.80***	606.16***	602.85***	688.66***	700.62***	698.51***
	(152.66)	(146.89)	(162.31)	(165.68)	(182.56)	(182.24)	(186.05)
年龄	—	40.16***	44.84**	43.87*	30.29	30.25	30.55
		(10.58)	(15.68)	(18.99)	(20.01)	(20.01)	(21.34)
性别	—	207.61	204.73	195.46	215.42	196.32	188.23
		(252.74)	(248.60)	(264.54)	(258.86)	(258.96)	(258.72)
文化程度							
小学	—	—	636.38	624.41	969.62*	953.01*	900.81
			(434.27)	(438.44)	(473.29)	(472.86)	(476.43)
初中	—	—	226.85	173.42	739.96	726.36	704.95
			(368.74)	(386.18)	(419.17)	(419.05)	(422.05)
高中	—	—	392.26	304.01	1 022.58*	1 016.96*	956.86*
			(408.24)	(404.01)	(481.37)	(481.76)	(467.88)
中专/职高	—	—	323.23	211.89	938.01	940.12	884.59
			(461.26)	(544.15)	(583.91)	(584.30)	(601.32)
大专/高职	—	—	680.33	598.00	1 397.77*	1 412.39*	1 408.98*
			(553.52)	(566.32)	(680.91)	(682.62)	(678.81)
大学本科	—	—	638.88	579.58	1 430.27*	1 476.74*	1 464.46*
			(608.78)	(649.55)	(661.09)	(665.47)	(676.58)

表7-5(续)

变量	模型						
	(1)	(2)	(3)	(4)	(5)	(6)	(7)
硕士研究生	—	—	758.22	715.96	1 544.40*	1 661.70*	1 569.74*
			(663.67)	(699.01)	(712.16)	(731.68)	(714.34)
博士研究生	—	—	1 011.83	969.05	1 543.65	1 651.76	1 619.11
			(1 319.02)	(1 331.72)	(1 254.32)	(1 254.47)	(1 250.98)
婚姻状况							
已婚	—	—	—	-96.00	-61.73	-35.17	-15.96
				(259.76)	(262.92)	(263.49)	(283.28)
同居	—	—	—	26.16	-575.98	-564.82	-395.61
				(553.56)	(682.97)	(681.75)	(674.15)
分居	—	—	—	-1 300.10***	-2 234.57**	-2 218.65**	-1 944.78*
				(340.69)	(830.60)	(831.36)	(826.53)
离婚	—	—	—	1 891.98	1 527.23	1 549.06	1 648.53
				(1 855.05)	(1 806.11)	(1 804.82)	(1 834.01)
丧偶	—	—	—	-269.62	-486.76	-465.93	-417.99
				(939.43)	(949.52)	(948.43)	(954.39)
再婚	—	—	—	1 491.43	729.88	772.99	844.06
				(2 158.68)	(1 971.47)	(1 969.83)	(1 987.85)

表7-5（续）

变量	模型						
	(1)	(2)	(3)	(4)	(5)	(6)	(7)
户口类型							
非农业	—	—	—	233.67 (198.05)	172.70 (194.76)	170.43 (194.70)	285.39 (210.47)
统一居民	—	—	—	-351.96 (232.24)	-341.03 (231.01)	-335.85 (231.09)	-313.60 (230.40)
其他	—	—	—	-544.14* (262.95)	-501.88 (289.50)	-502.98 (289.60)	-98.52 (347.04)
身体状况							
好	—	—	—	—	102.70 (141.80)	100.36 (141.79)	105.00 (131.48)
一般	—	—	—	—	915.46*** (176.15)	906.39*** (175.49)	928.33*** (177.62)
不好	—	—	—	—	6 559.32** (2 227.27)	6 543.70** (2 226.56)	6 608.74** (2 232.76)
非常不好	—	—	—	—	3 850.88* (1 566.71)	3 833.22* (1 566.32)	3 822.05* (1 589.94)
初始收入	—	—	—	—	—	-0.001 3** (0.000 5)	-0.001 7* (0.000 7)

表7-5(续)

变量	模型						
	(1)	(2)	(3)	(4)	(5)	(6)	(7)
省份							
天津市	—	—	—	—	—	—	-36.26 (608.00)
(其他省份略去)							
宁夏回族自治区	—	—	—	—	—	—	-759.18 (467.82)
常数项	384.12*** (60.45)	-1 230.04* (478.27)	-1 824.00* (914.11)	-1 765.07 (945.05)	-2 545.72** (977.08)	-2 504.73* (973.08)	-2 578.80* (1 124.09)
观测值	15 949	15 946	15 933	15 882	15 881	15 881	15 881
R^2	0.000 5	0.001 4	0.001 5	0.002 2	0.009 5	0.009 5	0.011 3

注: 1. 括号内为标准误, *** 表示 $P<0.001$, ** 表示 $P<0.01$, * 表示 $P<0.05$;
2. "—" 表示该变量没有被选入本次模型。

7.2.2   职工医保制度对住院医疗支出的因果效应分析

根据以上线性回归分析模型的结果，是否参加职工医保对住院医疗支出影响仍然显著。但仅通过以上的线性回归模型来分析，很难说明是否参加职工医保与住院医疗支出之间的因果关系。下文通过倾向得分匹配来控制影响住院医疗支出的其他变量，再来分析是否参加职工医保对住院医疗支出的净影响，从而得出参加职工医保对住院医疗支出的影响程度。

依据线性分析的结果，利用 Stata16 中的 teffects psmatch 命令，将参加职工医保的个体作为对照组，没有任何医保的个体作为控制组，将性别、年龄、收入、文化程度、户口类型、婚姻状况、省份作为协变量进行倾向得分匹配，结果如表 7-6 所示。

表 7-6   职工医保个人住院医疗支出匹配分析结果

匹配方法	系数	标准误	Z 值	P 值	95%置信区间	
					下限	上限
近邻匹配	842.90	207.37	4.06	0.00	436.47	1 249.34
贪婪匹配（欧氏距离）	892.09	151.56	5.89	0.00	595.03	1 189.15
贪婪匹配（马氏距离）	855.34	168.15	5.09	0.00	525.78	1 184.91
精确匹配（身体状况）	979.65	187.50	5.22	0.00	612.15	1 347.16
精确匹配（性别）	989.27	184.88	5.35	0.00	626.91	1 351.64
精确匹配（婚姻状况）	987.47	184.92	5.34	0.00	625.04	1 349.90

从表 7-6 可知，对住院医疗支出进行配对 t 检验，参加职工医保个体的家庭医疗支出比没有参加任何医保的个人住院医疗支出多支出 842.90 元到 989.27 元。对比表 7-5 也可以看出，利用线性回归分析在仅有是否参加职工医保一个相关因素时，参加职工医保住院医疗支出比没有任何医保个体的住院医疗支出平均高出 852.79 元，较表 7-6 显示的数据略低。如果再加入年龄、性别、文化程度等变量，差异明显变小，说明其他的协变量显著地稀释了职工医保对住院医疗支出的影响作用。只有通过倾向得分匹配分析来获得职工医保对住院医疗支出的净影响程度，匹配效果分析与上节的职工医保家庭医疗支出相类似，在此不再赘述。

7.3 新农合制度对家庭医疗支出的影响研究

新农合制度的筹资模式是以家庭为单位进行统一筹资。这种筹资方式可以避免家庭新农合制度筹资的逆向选择问题，保证老年人和年轻人、健康者和不健康者的筹资水平一致。同时，中国大部分地区新农合制度在实施的过程中，一直在向职工医保制度演进。随着新农合制度筹资水平的增加，一部分筹资用于新农合制度的大病医保基金；另一部分筹资用于门诊慢性病支付，这一部分费用都包含在家庭医疗支出中。是否参加新农合必定会影响到居民对于医疗服务的利用情况，同时其影响也会直接反映到家庭医疗支出上。

根据安德森卫生服务利用行为模型对卫生服务利用行为的研究，本章在分析新农合参保者和没有任何医疗保险的个体之间家庭医疗服务利用的福利分配影响，倾向特征选用了年龄、性别、婚姻状况和户口类型作为关键变量；能力资源维度选择初始收入、文化程度等个人特征；需求变量选择身体状况来评价家庭医疗支出。

将家庭医疗支出作为因变量，是否参加新农合作为自变量，年龄和性别等作为协变量，进行 7 个模型的回归分析，结果如表 7-7 所示。

通过表 7-7 的回归分析可以看出，是否参加新农合、年龄、性别、文化程度、婚姻状况、户口类型等，都对家庭医疗支出有统计学意义，说明这些因素与家庭医疗支出密切相关。可以将安德森卫生服务利用行为模型定义的倾向特征、能力资源和需要变量纳入到倾向得分匹配分析中。

表 7-7 新农合制度对家庭医疗支出的影响因素分析

变量	模型						
	(1)	(2)	(3)	(4)	(5)	(6)	(7)
是否参加新农合	1 169.85** (417.61)	1 205.86** (418.89)	1 160.95** (424.70)	1 437.28*** (409.10)	1 281.71** (407.06)	1 233.36** (405.96)	1 446.27*** (422.30)
年龄	—	-19.77 (14.35)	-33.77* (16.75)	-59.89** (20.36)	-83.74*** (20.48)	-86.69*** (20.48)	-88.47*** (20.33)
性别	—	-540.33 (351.82)	-694.86* (343.09)	-804.37* (351.19)	-802.92* (349.99)	-924.58** (358.01)	-990.25** (359.17)
文化程度							
小学	—	—	-2 333.41 (1 281.91)	-2 142.41 (1 314.48)	-1 597.36 (1 318.08)	-1 585.05 (1 317.63)	-1 254.72 (1 346.07)
初中	—	—	-3 118.18* (1 295.43)	-2 918.28* (1 323.96)	-1 985.20 (1 323.56)	-1 941.01 (1 322.50)	-1 594.79 (1 363.70)
高中	—	—	-2 281.58 (1 369.87)	-2 100.00 (1 387.10)	-890.37 (1 381.54)	-828.81 (1 379.33)	-449.90 (1 418.91)
中专/职高	—	—	-2 864.23 (1 484.95)	-3 182.48* (1 488.67)	-1 967.94 (1 487.37)	-1 900.39 (1 485.45)	-1 443.49 (1 534.77)
大专/高职	—	—	-3 212.72* (1 533.49)	-2 958.47 (1 565.46)	-1 610.51 (1 570.27)	-1 478.02 (1 570.33)	-1 133.40 (1 589.32)
大学本科	—	—	-2 757.61 (1 542.36)	-2 657.69 (1 568.50)	-1 339.34 (1 562.95)	-1 076.34 (1 565.42)	-634.99 (1 600.76)

表7-7(续)

变量	模型						
	(1)	(2)	(3)	(4)	(5)	(6)	(7)
硕士研究生	—	—	-4 224.73	-3 860.16	-2 697.76	-1 912.06	-1 640.17
			(2 661.62)	(2 722.33)	(2 655.39)	(2 647.04)	(2 738.93)
博士研究生	—	—	-8 867.07***	-9 767.70***	-7 671.32***	-6 744.86***	-8 428.54***
			(1 303.55)	(1 497.08)	(1 727.57)	(1 801.33)	(2 037.77)
婚姻状况							
已婚	—	—	—	1 148.11*	1 098.64*	1 242.39*	1 316.78*
				(543.73)	(540.58)	(542.72)	(545.05)
同居	—	—	—	1 891.88	1 665.18	1 762.80	1 706.60
				(2 498.54)	(2 471.01)	(2 473.62)	(2 475.98)
分居	—	—	—	2 083.60	1 261.15	1 314.04	1 753.39
				(3 163.91)	(3 157.94)	(3 155.86)	(3 043.78)
离婚	—	—	—	2 827.36	2 400.82	2 527.04	2 535.44
				(1 633.33)	(1 639.12)	(1 637.10)	(1 650.49)
丧偶	—	—	—	6 980.34*	6 579.35	6 667.05	6 805.26*
				(3 453.18)	(3 447.83)	(3 446.35)	(3 436.87)
再婚	—	—	—	2 523.79	1 987.09	2 094.98	2 387.34
				(4 439.74)	(4 187.81)	(4 187.36)	(4 208.23)

表7-7（续）

变量	模型						
	(1)	(2)	(3)	(4)	(5)	(6)	(7)
户口类型							
非农业	—	—	—	1 327.02*	1 387.43*	1 419.32*	1 284.96*
				(560.24)	(559.47)	(558.89)	(549.79)
统一居民	—	—	—	-1 750.52***	-1 502.93**	-1 486.97**	-1 636.33**
				(491.67)	(487.99)	(487.64)	(505.38)
其他	—	—	—	55 237.67	55 459.43	55 539.88	54 009.76
				(37 427.67)	(37 337.39)	(37 319.44)	(36 631.77)
身体状况							
好	—	—	—	—	884.06*	857.94*	790.40*
					(378.27)	(377.96)	(380.37)
一般	—	—	—	—	2 617.70***	2 530.64***	2 571.86***
					(452.79)	(453.45)	(469.06)
不好	—	—	—	—	6 385.68***	6 256.98***	6 216.73***
					(869.58)	(875.03)	(872.87)
非常不好	—	—	—	—	10 410.04***	10 246.49***	10 364.97***
					(2 801.95)	(2 819.37)	(2 831.89)
初始收入	—	—	—	—		-0.012 995**	-0.014 592**
						(0.004 988)	(0.005 232)

表7-7(续)

变量	模型						
	(1)	(2)	(3)	(4)	(5)	(6)	(7)
省份							
天津市	—	—	—	—	—	—	-2 936.14
							(1 947.19)
(略去其他省份)							
宁夏回族自治区	—	—	—	—	—	—	-3 512.06
							(1 819.76)
常数项	5 943.17***	6 918.63***	10 268.67***	9 778.15***	8 218.47***	8 681.30***	11 362.42***
	(368.57)	(695.52)	(1 606.95)	(1 608.11)	(1 596.78)	(1 621.48)	(2 341.73)
观测值	15 278	15 273	15 248	15 180	15 178	15 178	15 178
R^2	0.000 378	0.000 643	0.001 493	0.008 512	0.015 979	0.016 263	0.021 794

注: 1. 括号内为标准误，**** 表示 $P<0.001$，*** 表示 $P<0.01$，* 表示 $P<0.05$;
2. "—" 表示该变量没有被选入本次模型。

分析新农合制度对于家庭医疗支出的影响情况的分析过程与职工医保制度分析过程一致。从表 7-8 可以看出，在控制了年龄、性别、身体状况、婚姻状况、文化程度以及初始收入等条件后，利用近邻匹配分析后发现，参加新农合制度的家庭医疗支出要比没有参加任何医疗保险的家庭医疗支出高 2 143.32 元。

表 7-8　处理效应匹配后配对 t 检验结果

家庭医疗支出	系数	标准误	Z 值	P 值	95%置信区间	
					下限	上限
新农合制度（1vs0）	2 143.32	467.96	4.58	0.00	1 226.13	3 060.50

7.4　新农合制度对住院医疗支出的影响分析

新农合制度对参保个体的住院医疗支出的影响分析通过安德森卫生服务利用行为模型来探索。通过回归分析（见表 7-9）可以看出，是否参加新农合、年龄、性别、文化程度、婚姻状况、户口类型等因素都与住院医疗支出有显著相关性，应纳入倾向得分匹配分析中作为关键变量和协变量来分析。

表7-9 新农合制度对住院医疗支出的影响因素分析

变量	模型						
	(1)	(2)	(3)	(4)	(5)	(6)	(7)
是否参加新农合	400.04***	327.71***	317.12***	342.43***	295.63***	285.66**	352.93***
	(82.76)	(81.02)	(83.06)	(95.24)	(93.55)	(93.31)	(101.64)
年龄	—	26.71***	23.35***	22.56***	16.20***	15.60***	13.57**
		(3.46)	(3.63)	(4.42)	(4.25)	(4.26)	(4.69)
性别	—	104.26	73.60	71.29	84.32	59.02	39.09
		(90.28)	(89.76)	(91.11)	(90.71)	(91.11)	(90.95)
文化程度							
小学	—	—	-97.87	-121.99	106.40	108.97	115.56
			(289.85)	(291.80)	(284.47)	(284.39)	(283.67)
初中	—	—	-398.74	-429.85	-64.02	-54.80	-59.04
			(267.17)	(271.65)	(265.16)	(265.29)	(267.52)
高中	—	—	-374.95	-403.84	48.74	61.85	50.20
			(286.21)	(291.82)	(286.48)	(286.37)	(292.68)
中专/职高	—	—	-447.75	-482.25	-36.08	-22.48	-38.29
			(279.65)	(286.59)	(280.79)	(280.71)	(283.36)
大专/高职	—	—	-266.01	-298.43	175.29	202.98	171.71
			(326.20)	(337.65)	(344.22)	(344.10)	(347.98)
大学本科	—	—	-342.54	-364.77	106.86	161.86	130.72
			(297.20)	(306.13)	(302.49)	(302.95)	(306.15)

表7-9（续）

变量	模型						
	(1)	(2)	(3)	(4)	(5)	(6)	(7)
硕士研究生	—	—	-573.69	-612.92	-203.91	-39.14	-202.11
			(304.66)	(325.32)	(309.91)	(310.58)	(388.64)
博士研究生	—	—	-765.24*	-911.61*	-296.18	-101.80	-76.31
			(326.82)	(363.87)	(338.14)	(331.93)	(339.49)
婚姻状况							
已婚	—	—	—	71.17	71.55	101.51	112.62
				(93.91)	(93.63)	(94.18)	(95.97)
同居	—	—	—	-394.77***	-461.36***	-440.65***	-374.23**
				(97.05)	(124.11)	(123.54)	(137.02)
分居	—	—	—	-205.29	-426.15	-411.05	-431.43
				(369.57)	(365.20)	(364.52)	(369.30)
离婚	—	—	—	129.26	7.68	34.13	35.93
				(238.15)	(236.46)	(236.40)	(236.84)
丧偶	—	—	—	-210.32	-445.75	-426.85	-399.95
				(384.43)	(383.76)	(383.70)	(385.79)
再婚	—	—	—	-224.93	-362.41	-339.84	-290.31
				(758.53)	(622.12)	(620.94)	(618.68)

表7-9(续)

变量	模型						
	(1)	(2)	(3)	(4)	(5)	(6)	(7)
户口类型							
非农业	—	—	—	129.09	161.97	168.52	157.03
				(161.34)	(160.59)	(160.97)	(149.16)
统一居民	—	—	—	-130.91	-57.71	-54.47	-112.25
				(203.66)	(196.97)	(197.01)	(199.83)
其他	—	—	—	-688.35***	-665.07***	-651.02**	-518.36
				(158.63)	(195.24)	(198.89)	(283.01)
身体状况							
好				—	7.25	1.56	-0.16
					(69.96)	(70.11)	(71.49)
一般				—	392.48***	374.13***	380.72***
					(103.94)	(104.61)	(110.44)
不好				—	1 816.25***	1 788.88***	1 806.24***
					(255.55)	(256.17)	(256.28)
非常不好				—	5 321.18***	5 286.95***	5 357.67***
					(1 436.99)	(1 435.19)	(1 442.75)
初始收入				—	—	-0.002 7*	-0.003 3***
						(0.000 909)	(0.000 965)

表7-9(续)

变量	模型						
	(1)	(2)	(3)	(4)	(5)	(6)	(7)
省份							
天津市	—	—	—	—	—	—	-1 217.22
							(1 455.85)
(省略其他省份)							
宁夏回族自治区	—	—	—	—	—	—	-1 595.36
							(1 372.81)
常数项	399.76***	-666.53***	-203.60	-224.71	-613.33	-516.93	1 080.84
	(65.78)	(150.41)	(328.01)	(327.59)	(331.50)	(332.93)	(1 418.05)
观测值	15 896	15 890	15 862	15 793	15 791	15 791	15 791
R^2	0.000 688	0.004 701	0.005 287	0.005 428	0.022 112	0.022 299	0.024 991

注：1. 括号内为标准误，*** 表示 $P<0.001$，** 表示 $P<0.01$，* 表示 $P<0.05$；

2. "—" 表示该变量没有被选入本次模型。

143

从倾向得分匹配分析（见表7-10）可以看出，在控制了年龄、性别、文化程度和婚姻状况等因素的情况下，新农合参保者个体的住院医疗支出比没有任何医疗保险的个体高出404.09元。这说明新农合制度促进了住院医疗服务的利用。

表7-10　处理效应匹配后配对 t 检验结果

住院医疗支出	系数	标准误	Z 值	P 值	95%置信区间	
					下限	上限
新农合制度（1vs0）	404.09	106.02	3.81	0.00	196.29	611.90

从另一个角度来看，新农合制度的实施，也刺激了医疗服务价格和服务利用量的增加，虽然新农合参保者获得了新农合制度基金对于住院医疗服务的补偿，但由于价格的提高，使参保者的经济福利蒙受损失。特别是没有参保的人员，在医疗保险覆盖面基本实现全覆盖的情况下，医疗服务价格会随着医保的增加而增加，没有参保的患者仍然要支付这个增长后的价格，从而形成双重的社会福利损失。

2019年城乡居民医保制度已基本完成了居民医保制度和新农合制度的整合，参保人数为10.25亿人，其中包括了成年人、中小学生儿童、大学生等人群。2015年和2017年是居民医保制度和新农合制度整合的完成期，在中国家庭金融调查中居民医保的样本数分别为3 495人和4 213人。一方面，该类样本量对于总体参保人数来说较少；另一方面，在整合过程中也存在较大的异质性，匹配效果不能达到理想状态。所以，本研究不再对居民医保制度进行家庭医疗支出和住院医疗支出的分析。

7.5　中国社会医疗保险制度医保补偿福利分配分析

根据福利经济学消费者剩余理论，本节将职工医保制度、新农合制度和居民医保制度的医保年度补偿额减除年度社会医疗保险缴费额作为社会医疗年度净福利，利用分位数回归分析参保者年度收入、年龄等指标对职工医保年度净福利分配的影响，以期发现参保者医保的年度净福利在年龄、收入水平之间的分配情况。

7.5.1 职工医保补偿福利分配分析

职工医保的住院补偿净福利分布情况见表7-11。从表7-11中可以看出，净福利为最小负值的参保者有59人。其净福利为负值的占到整个参保群体的46.36%，整个医保补偿净福利的均值为正值。

表 7-11　职工医保住院补偿净福利分布情况

均值	样本数/人	累计占比/%	均值	样本数/人	累计占比/%
−19 886.78	59	1	238.82	279	60
−6 981.16	237	5	1 001.15	602	70
−3 642.97	358	11	2 657.04	584	80
−2 114.52	573	20	6 319.81	602	90
−1 030.29	549	30	13 172.56	299	95
−421.29	600	40	22 938.37	119	97
−100.32	377	46.36	33 202.44	59	98
0.00	522	55.15	153 804.67	119	100

职工医保参保者初始收入对住院补偿净福利的分位数回归分析如表7-12所示。从初始收入对职工医保住院补偿净福利的回归分析来看，分位数1/10、2/10、3/10和4/10在0.05的临界水平上回归系数显著，9/10在0.1的临界水平上显著，并随着分位数的提高，显著的回归系数在逐渐增大，但所有的回归系数均为负值。在其他分位数上，回归系数不显著。

通过职工医保参保者的初始收入对住院补偿净福利的分位数回归分析（见图7-5）可以看出，初始收入与职工医保住院补偿净福利之间，是负向关系。从参保者总体来看，收入增加，会引起住院补偿净福利的减少，这种减少随着收入的增加幅度变小。

因此，根据安德森卫生服务利用行为模型的规定，初始收入作为一种能力因素，影响了医疗保险福利的分配，并从初始收入的影响来看，各分位数的影响程度又有差异，造成了分配的不平等。

表 7-12   职工医保参保者初始收入对住院补偿净福利的分位数回归分析

分位数	系数	标准误	t 值	P 值	95%置信区间	
					下限	上限
q10	−0.016 5	0.004 0	−4.070 0	0.000 0	−0.024 4	−0.008 5
q20	−0.012 1	0.001 9	−6.510 0	0.000 0	−0.015 8	−0.008 5
q30	−0.008 8	0.000 6	−15.050 0	0.000 0	−0.009 9	−0.007 6
q40	−0.004 7	0.000 6	−7.290 0	0.000 0	−0.006 0	−0.003 4
q50	0.000 0	0.000 2	0.000 0	1.000 0	−0.000 4	0.000 4
q60	−0.000 1	0.000 7	−0.100 0	0.921 0	−0.001 5	0.001 3
q70	−0.001 6	0.001 3	−1.200 0	0.229 0	−0.004 1	0.001 0
q80	−0.001 5	0.003 3	−0.450 0	0.654 0	−0.007 9	0.005 0
q90	−0.008 3	0.004 6	−1.790 0	0.074 0	−0.017 4	0.000 8

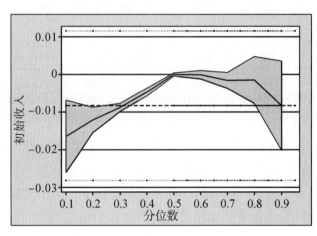

图 7-5   职工医保参保者初始收入对住院补偿净福利的分位数回归分析

职工医保参保者年龄对住院补偿净福利的分位数回归分析如表 7-13 和图 7-6 所示。从各分位数的 P 值可以看出，仅有 1/10 的分位数没有统计学意义，其他分位数都有统计学意义。从各分位数的系数均为正值说明，在各分位数回归分析里，随着年龄的增长，职工医保住院补偿净福利均呈增长趋势。

表 7-13　职工医保参保者年龄对住院补偿净福利的分位数回归分析

年龄	分位数	系数	标准误	t 值	P 值	95%置信区间	
						下限	上限
21	q05	36.11	12.49	2.89	0.00	11.64	60.59
26	q10	24.29	16.18	1.50	0.13	−7.44	56.01
30	q20	40.00	4.47	8.94	0.00	31.23	48.77
34	q30	28.13	2.26	12.47	0.00	23.70	32.55
37	q40	13.33	1.52	8.79	0.00	10.36	16.31
41	q50	6.67	2.03	3.28	0.00	2.68	10.65
44	q60	30.30	2.86	10.61	0.00	24.70	35.90
48	q70	46.77	8.78	5.32	0.00	29.55	64.00
51	q80	78.85	10.84	7.27	0.00	57.59	100.10
55	q90	148.33	23.37	6.35	0.00	102.52	194.14
59	q95	235.76	80.91	2.91	0.00	77.14	394.37
60	q96	333.33	125.06	2.67	0.01	88.18	578.49
67	q995	−293.94	1 536.27	−0.19	0.85	−3 305.58	2 717.70

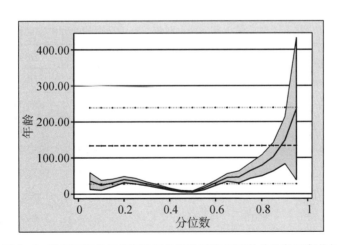

图 7-6　职工医保参保者年龄对住院补偿净福利的分位数回归分析

分析职工医保参保者的年龄发现，全体样本的年龄中位数为 40 岁，即为 q50 的回归系数。从表 7-13 中 q20 到 q50 的回归系数可以看出，是逐渐降低的，从 40 逐渐降低到 6.67，随着年龄的升高，系数有逐渐的升高，一直到 q90 的 148.33。年龄对住院补偿净福利的分位数回归可以看出，参保职工 40 岁左右的群体，医疗服务利用是最少的，且获得住院补偿净福利为最低，随着年龄的减小和增大都随之提高。这一结果也基本符合医保的代际补偿的现实，但同时也表现出在年龄因素上的一种不公平分配。

年龄在安德森卫生服务利用行为模型中属于属性因素，也对住院补偿净福利有较为深远的影响。

身体状况是影响住院补偿净福利的重要因素，在职工医保的 15 328 个调查个体中，身体状况非常好的有 3 336 人，好的有 7 386 人，一般的有 3 865 人，不好的有 599 人，非常不好的有 52 人。从身体状况对住院补偿净福利的影响（见图 7-7）可以看出，随着身体状况变差，获得的补偿越多。从表 7-14 中可以看出，由于分位数回归开始分位数和结尾分位数的样本较少，多次抽样重复率高，也造成 q10 和 q100 没有统计学意义，其他分位数均有统计学意义。并且随着身体状况的变差，医保住院补偿净福利分配越多。这也说明身体状况作为一种需要因素，从公平的角度来看，分配是极不平等的，但这种不平等又是一种医疗服务必然的需要。

表 7-14　职工医保参保者身体状况对住院补偿净福利的分位数回归分析

身体状况	分位数	系数	标准误	t 值	P 值	95%置信区间	
						下限	上限
非常好	q10	150	131.88	1.14	0.26	−108.54	408.54
非常好	q21	300	51.61	5.81	0.00	198.83	401.17
好	q22	200	46.76	4.28	0.00	108.33	291.67
好	q60	340	73.70	4.61	0.00	195.52	484.48
好	q70	500	98.54	5.07	0.00	306.83	693.17
一般	q72	600	143.55	4.18	0.00	318.59	881.41
一般	q96	5 500	1 537.48	3.58	0.00	2 485.98	8 514.02
不好	q97	5 300	2 406.17	2.20	0.03	583.02	10 016.98
不好	q99	9 276	3 678.23	2.52	0.01	2 065.325	16 486.68
非常不好	q100	6 493	19 754.88	0.33	0.74	−32 233.42	45 220.09

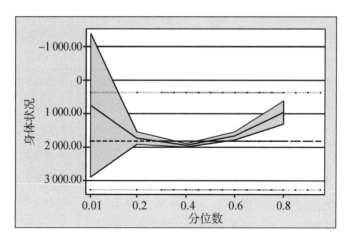

图7-7 职工医保参保者身体状况对住院补偿净福利的分位数回归分析

7.5.2 新农合制度补偿福利分配分析

新农合参保者医保住院补偿净福利的分布情况如表7-15所示。表7-15中的均值为该累计占比段中样本数的平均值。该表中体现的新农合医保住院补偿净福利分布情况，为后面的因素分析提供了分布的参照。

表7-15 新农合医保住院补偿净福利分布情况

均值	样本数/人	累计占比/%	均值	样本数/人	累计占比/%
−7 685.07	91	1	3 977.67	897	90
−353.24	822	10	8 017.56	472	95
−165.64	362	14	13 453.27	182	97
−130.92	2 737	44	19 256.95	92	98
83.92	905	60	28 355.04	91	99
577.61	910	70	72 729.11	91	100
1 698.06	905	80	—	—	—

新农合参保者初始收入的分位数回归分析如表7-16、图7-8所示。从 P 值的情况来看，q10、q50~q70都有统计学意义，并且系数均为负值。这说明参保者的初始收入对住院补偿净福利的分配影响的范围比较小，仅仅在较低收入者和中等收入者之中有统计学意义。

表 7-16　新农合参保者初始收入对住院补偿净福利的分位数回归分析

分位数	系数	标准误	t 值	P 值	95%置信区间	
					下限	上限
q10	−0.000 4	0.000 1	−4.350 0	0.000 0	−0.000 5	−0.000 2
q20	0.000 0	0.000 0	0.000 0	1.000 0	0.000 0	0.000 0
q30	0.000 0	0.000 0	0.000 0	1.000 0	0.000 0	0.000 0
q40	0.000 0	0.000 1	0.000 0	1.000 0	−0.000 1	0.000 1
q50	−0.000 6	0.000 2	−2.440 0	0.015 0	−0.001 0	−0.000 1
q60	−0.001 5	0.000 7	−2.180 0	0.030 0	−0.002 8	−0.000 1
q70	−0.004 0	0.001 5	−2.640 0	0.008 0	−0.007 0	−0.001 0
q80	−0.004 7	0.003 9	−1.210 0	0.225 0	−0.012 3	0.002 9
q90	−0.001 6	0.006 1	−0.260 0	0.798 0	−0.013 6	0.010 4

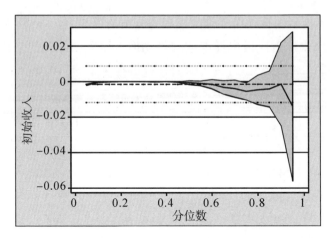

图 7-8　新农合参保者初始收入对住院补偿净福利的分位数回归分析

　　通过新农合参保者年龄对新农合住院补偿净福利的分位数分析（见表 7-17、图 7-9）发现，仅在最低年龄段和较高年龄段新农合住院补偿净福利受到年龄的影响，并且呈负向相关，随着年龄的增长，住院补偿净福利呈下降趋势。其他年龄段的分位数回归不显著，说明中间年龄段对住院补偿净福利没有影响。

表 7-17　新农合参保者年龄对住院补偿净福利的分位数回归分析

年龄	分位数	系数	标准误	t 值	P 值	95%置信区间	
						下限	上限
24	q10	−0.416 7	0.123 4	−3.380 0	0.001 0	−0.658 5	−0.174 9
27	q20	0.000 0	0.000 0	−0.710 0	0.480 0	0.000 0	0.000 0
31	q30	0.000 0	0.000 0	1.560 0	0.120 0	0.000 0	0.000 0
35	q40	0.000 0	0.000 0	0.820 0	0.415 0	0.000 0	0.000 0
40	q50	1.052 6	0.705 6	1.490 0	0.136 0	−0.330 5	2.435 8
45	q60	−2.758 6	1.609 2	−1.710 0	0.087 0	−5.913 0	0.395 8
48	q70	−3.488 4	4.316 0	−0.810 0	0.419 0	−11.948 7	4.971 9
52	q80	−11.842 1	8.029 1	−1.470 0	0.140 0	−27.580 9	3.896 7
58	q90	−8.848 5	13.802 2	−0.640 0	0.521 0	−35.903 9	18.207 0
59	q100	−337.027 0	114.946 0	−2.930 0	0.003 0	−562.347 0	−111.707 0

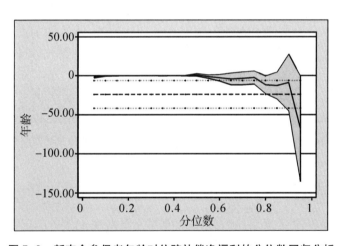

图 7-9　新农合参保者年龄对住院补偿净福利的分位数回归分析

　　通过新农合参保者的身体状况对于医保住院补偿净福利分位数回归分析（见表 7-18、图 7-10）发现，除去身体状况非常不好的参保者，身体状况处于其他分位数的回归都有统计学意义。这说明新农合参保者的身体状况对医保住院补偿净福利的影响显著，并呈正向作用，同时表明随着身体状况变差，医保住院补偿净福利逐渐升高。

表 7-18　新农合参保者身体状况对住院补偿净福利的分位数回归分析

身体状况	分位数	系数	标准误	t 值	P 值	95%置信区间	
						下限	上限
非常好	q20	5.00	1.36	3.69	0.00	2.34	7.66
好	q60	190.00	20.44	9.30	0.00	149.94	230.06
一般	q80	500.00	83.59	5.98	0.00	336.14	663.86
不好	q90	800.00	267.85	2.99	0.00	274.95	1 325.05
非常不好	q99	2 515.00	4 057.11	0.62	0.54	−5 437.84	10 467.84

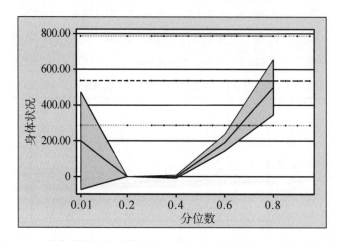

图 7-10　新农合参保者身体状况对住院补偿净福利的分位数回归分析

7.5.3　居民医保补偿福利分配分析

居民医保参保者医保住院补偿净福利分布情况如表 7-19 所示。表 7-19 的均值为该累计占比段中样本数的平均值。该表中体现的居民医保住院补偿净福利分布情况，为后面的因素分析提供了分布的参照。居民医保参保者住院补偿净福利基本呈对称分布。

表 7-19　居民医保参保者住院补偿净福利分布情况

均值	样本数/人	累计占比/%	均值	样本数/人	累计占比/%
−23 825. 67	54	2	1 985. 87	269	80
−3 424. 66	215	10	5 052. 34	271	90
−626. 78	271	20	12 207. 94	136	95
−217. 85	282	30	22 866. 03	54	97
−144. 15	505	50	34 324. 31	27	98
−29. 48	290	60	54 015. 10	27	99
577. 43	271	70	145 519. 22	27	100

通过居民医保参保者初始收入对住院补偿净福利的分位数回归分析（见表 7-20、图 7-11）可知，q10~q30 的回归分析有统计学意义，q40~q90 均没有统计学意义。说明在居民医保参保者收入较高者群体之间，不存在收入对住院补偿净福利影响。在有影响的 q10~q30，影响呈负向相关性，即随着收入的增加，居民医保参保者的住院补偿净福利呈减少趋势。

表 7-20　居民医保参保者初始收入对住院补偿净福利的分位数回归分析

分位数	系数	标准误	t 值	P 值	95%置信区间	
					下限	上限
q10	−0.036	0.008 3	−4.34	0	−0.052 4	−0.019 7
q20	−0.005 8	0.002 1	−2.75	0.006	−0.009 9	−0.001 7
q30	−0.002 2	0.000 8	−2.82	0.005	−0.003 7	−0.000 7
q40	−0.000 8	0.000 6	−1.31	0.19	−0.001 9	0.000 4
q50	−0.000 5	0.000 9	−0.52	0.605	−0.002 3	0.001 3
q60	0.000 5	0.002	0.27	0.787	−0.003 3	0.004 4
q70	−0.000 7	0.002 4	−0.28	0.783	−0.005 4	0.004 1
q80	−0.002 1	0.002 6	−0.78	0.434	−0.007 3	0.003 1
q90	−0.008 8	0.009 5	−0.94	0.35	−0.027 4	0.009 7

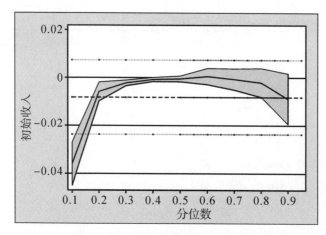

图 7-11　居民医保参保者初始收入对住院补偿净福利的分位数回归分析

年龄对住院补偿净福利的分位数回归分析如表 7-21、图 7-12 所示。从回归表中我们可以看到，在 q40 之前的回归系数都是不显著的。说明年龄在 31~40 岁的居民参保人群，其年龄对医保住院补偿净净福利影响不显著。在 q50~q95，回归系数都有统计学意义，并且从 q50 开始，也就是在 41 岁以上的居民医保参保者随着年龄的增加，医保住院补偿净福利在逐渐升高。特别是在 60 岁以上的老年人，在 0.1 的显著水平下观察，增长的效果特别明显。

表 7-21　居民医保参保者年龄对住院补偿净福利的分位数回归分析

年龄	分位数	系数	标准误	t 值	P 值	95%置信区间	
						下限	上限
25	q10	2.86	22.43	0.13	0.90	−41.13	46.84
31	q20	0.00	1.37	0.00	1.00	−2.68	2.68
35	q30	0.00	0.36	0.00	1.00	−0.71	0.71
40	q40	0.00	0.13	0.00	1.00	−0.25	0.25
43	q50	2.73	0.94	2.90	0.00	0.89	4.57
46	q60	11.30	3.93	2.88	0.00	3.60	19.00
49	q70	36.84	8.46	4.35	0.00	20.25	53.43
53	q80	36.67	14.77	2.48	0.01	7.70	65.63
58	q90	76.56	39.08	1.96	0.05	−0.08	153.20
60	q95	146.43	87.78	1.67	0.095	−25.69	318.55

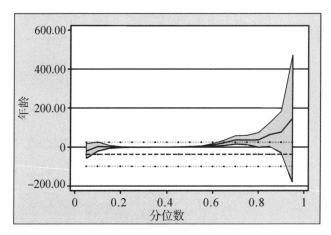

图 7-12　居民医保参保者年龄对住院补偿净福利的分位数回归分析

从表 7-22、图 7-13 中可以发现，除了 q17（身体状况非常好）和 q92（身体状况一般）有统计学意义外，其他对住院补偿净福利的影响没有统计学意义。身体状况非常好的参保者，其医保住院补偿净福利要远远小于身体状况一般的参保者的医保住院补偿净福利。

表 7-22　居民医保参保者身体状况对住院补偿净福利的分位数回归分析

身体状况	分位数	系数	标准误	t 值	P 值	95%置信区间	
						下限	上限
非常好	q17	100.00	49.63	2.01	0.04	2.69	197.31
好	q62	75.00	72.57	1.03	0.30	-67.30	217.30
一般	q92	1 840.00	1 004.66	1.83	0.07	-129.98	3 809.98
不好	q99	-8 500.00	14 259.69	-0.60	0.55	-36 461.02	19 461.02
非常不好	q998	6 666.67	72 943.80	0.09	0.93	-136 364.70	149 698.10

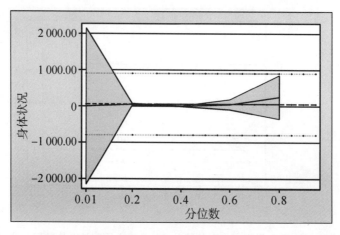

图 7-13　居民医保参保者身体状况对住院补偿净福利的分位数回归分析

7.6　本章小结

本章在前面测算和分解中国三类社会医疗保险制度各环节福利再分配效应的基础上，基于安德森卫生服务利用行为模型，按照反事实因果推断理论框架步骤，应用线性回归分析、倾向得分匹配分析、配对 t 检验，分析中国社会医疗保险制度如何影响家庭医疗支出和个人医疗住院支出。再通过定义一个衡量社会医疗保险基金住院补偿净福利的变量，利用分位数回归分析参保者初始收入、年龄和身体状况对基金住院补偿净福利的影响方向和影响程度。

利用倾向得分匹配分析，通过安德森卫生服务利用行为模型中的三类因素——反映能力资源维度的初始收入、文化程度；反映倾向特征维度的年龄因素；反映需求变量维度的身体状况这些协变量，来研究社会医疗保险对家庭医疗支出和个人住院支出的因果关系。结果发现，三类社会医疗保险制度都不同程度地促进了家庭医疗支出水平、个人住院支出都高于没有参加社会医疗保险的家庭和个人。通过倾向得分匹配分析，可以有效验证医疗保险制度的有效需求理论。

利用分位数回归分析可以看出，参保者初始收入对中国三类社会医疗保险个人住院补偿净福利总体上影响较小，仅在较低收入人群中呈负相关关系。这与前面基金住院补偿逆向再分配效应的分析结论相一致。新农合制度和居民医保制度的年龄影响不显著，但职工医保制度的年龄影响较为显著，呈现随着年龄增加影响先减小，到 41 岁左右影响又开始增加的"U"形变化态势。身体状况影响与年龄影响的情况基本一致，对新农合制度和居民医保制度总体影响不显著，职工医保制度总体上随着身体状况的好转而净福利减少。这一分析结果也符合约翰·E. 罗默分配正义论中关于"环境"和"努力"的分析。环境是个体不能左右的，应该接受不平等的存在，而努力是由个体决定的，应提高公平性。年龄也是个体不能决定的，所以职工医保制度是随着年龄的增长，福利分配增加，这是将福利由年轻人向老年人分配转移的一种保险的根本目标。参保者的初始收入作为努力因素，不应该成为影响福利分配的原因。

总之，从福利再分配的测算，到福利再分配的分解，再到影响因素的分析，可以发现中国的职工医保制度的模式是其他两类医保类型演进的目标，城乡居民医保制度在今后发展的路径应该向着职工医保制度改进。

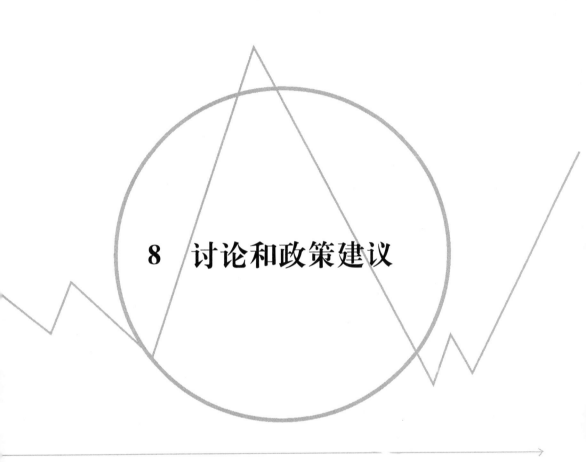

8 讨论和政策建议

本章首先讨论本研究主要研究发现，并在此基础上提出政策建议。本章总结了前文的研究结果，发现中国社会医疗保险中职工医保制度、新农合制度和居民医保制度在福利分配中的作用。最后，为中国社会医疗保险发展提出一定的政策建议。

8.1 中国社会医疗保险制度的福利分配效应

8.1.1 中国社会医疗保险再分配效应分析

本研究使用 MT 指数对医保参保者的初始收入、医保筹资后、住院支付后和医保补偿住院支出后的福利再分配效应进行了测算。MT 指数来自参保者医保环节行为前后基尼系数变化的差值。

本研究在充分分析职工医保制度、新农合制度和居民医保制度的基础上，对医保基金筹资、住院费用支付和医保基金补偿三个环节进行了分析研究。2015 年和 2017 年新农合制度的筹资 MT 指数均为正值。说明新农合制度在筹资环节实现了正向再分配效应，低收入者相对来说筹资较少。但在 2017 年的住院支付和医保基金补偿环节，MT 指数为负值，这说明新农合制度在住院费用支付和医保基金补偿环节存在逆向再分配效应，对于低收入者是不利的。职工医保制度在 2017 年和 2015 年医保基金筹资、住院费用支付和医保基金补偿环节，MT 指数均为负值。说明职工医保制度在整个运行环节都存在逆向再分配效应。居民医保制度三个环节的 MT 指数与职工医保制度三个环节的 MT 指数基本一致。这也说明了居民医保制度在三个环节均存在逆向再分配效应，存在一定的"穷帮富"的现象。

8.1.2 中国社会医疗保险再分配效应的分解分析

MT 指数虽然能够测算不同收入群体之间的收入再分配效应，但 MT 指数不能表明再分配效应的来源和结构，也不能测算再分配的再排序效应。为此，本研究使用 AJL 模型对再分配效应中的垂直效应、水平效应和再排序效应进行了分析。

从前文分析可知，2017 年三种社会医疗保险缴费率最高的是居民医保制度，为 6.59%。职工医保制度为 2.87%，新农合制度为 1.42%。住院支出占比最高的是居民医保制度，为 12.41%。新农合制度为 9.49%，职工医保制度为 5.45%。住院费用医保基金补偿占比最高的是居民医保制度，为 6.57%。新农合制度为 2.97%，职工医保制度为 2.82%。居民医保制度的筹资缴费率、住院支出比例和住院费用补偿比例在三种保险类型中最高。从缴费比例和住院费用基金补偿比例数值来看，职工医保制度和居民医保制度基本持平，即可从总体上认为，两者的缴费与住院补偿基本相当，住院支出是总收入的净支出。新农合制度的住院补偿比例要高于筹资比例。随着新农合制度和居民医保制度在全国范围内的逐步合并，新农合制度的政策优势将会消失。

对比居民医保制度、新农合制度和职工医保制度三个环节的 K 值可知，三类医保制度的医保基金筹资环节、住院费用支付环节和医保基金补偿环节，均呈现累退性。医保基金筹资环节的累退性说明，相对于高收入者，低收入者的缴费比例更高。住院费用支付环节的累退性表明，低收入者支付的住院费用比例比高收入者支付的比例更高。医保基金补偿后的累退性表明，在医保基金补偿住院费用后，低收入者的实际支付比例仍然高于高收入者。从 2017 年的分析来看，三类社会医保筹资环节的累进性虽然都是负值，但绝对值相比住院费用支付环节和医保基金补偿环节都要小。职工医保制度的筹资累进性为 -0.1997，新农合制度为 -0.3695。住院费用支付环节累进性 K 值，其绝对值最小的是职工医保制度，为 0.4411，新农合的为 0.6230。这说明，低收入者的住院支出要远远高于高收入者，这在新农合制度参保群体里，表现尤为突出。在医保基金补偿环节，居民医保制度的累进性为 -0.6387，职工医保制度为 -0.4029，新农合制度为 -0.5713。通过累进性的分析可以看出，住院费用的支付和基金对住院费用的补偿，从总体上加剧了收入的累退性。应晓华（2003）仅对卫生服务筹资再分配效应的 K 值进行了测算，其值为 -0.0835，说明也是累退的，但其绝对值较小。宋泽（2015）对职工医保制度、新农合制度和居民医保制度的筹资再分配效应进行了分析，发现 K 值也是均为负值。其中，职工医保制度 2011 年的 K 值绝对值要大于其 2009 年的绝对值。新农合制度和居民医保制度的 K 值都小于 0，说明 2011 年的情况与 2009 年相比，累退性仍然存在，但居民医保制度的累退性随着时间在改善。

对三种医疗保险医保基金筹资、住院费用支付和医保基金补偿环节进行垂直效应测算可以发现，2015 年和 2017 年的垂直效应都为负值，说明在不同的收入群体之间，存在低收入者补贴高收入者的现象。在三种医疗保险制度中，筹资环节 V 值的绝对值较小，住院费用支付环节的 V 值较大，医保基金补偿后，V 值绝对值又有所减小，但仍比筹资环节的绝对值要大。这说明了在不同收入群组之间，三类医疗保险在垂直效应方面的影响是一致的。住院费用的支付，加剧了参保居民垂直方向上的不平等。通过医保基金的补偿，一定程度上弥补了住院费用支付造成的垂直效应的不公平，但没有完全解决该问题。

比较三种社会医疗保险的医保基金筹资、住院费用支付和医保基金补偿环节的水平效应变化情况发现，2017 年 H 值都高于 2015 年的 H 值。同样，再排序效应在三类社会医疗保险的三个环节中，2017 年的 H 值均高于 2015 年。这说明在水平效应和再排序效应上，2017 年都比 2015 年变差了，即在相同收入群组中的医保基金筹资、住院费用支付和医保基金补偿的不公平程度较 2015 年都有所加剧。

8.2　中国社会医疗保险制度福利分配效应的影响因素分析

8.2.1　中国社会医疗保险对家庭医疗支出的影响分析

影响家庭医疗支出的因素比较多，涉及经济因素、身体状况和医疗条件等，但是否有医疗保险和不同医疗保险类型，都是影响家庭医疗支出的主要因素。医疗保险无疑是影响家庭医疗支出的关键因素。

在安德森卫生服务利用行为模型的框架下，本研究对三种社会医疗保险制度运用线性回归进行了分析。在筛选相关变量时发现，是否参加三类医保制度对家庭医疗支出有较为显著的影响。但仅仅从线性回归来看，不能剔除其他因素对于家庭医疗支出的影响，因此使用倾向得分匹配分析来匹配其他因素。经倾向得分匹配分析后发现，2017 年，新农合制度参保者家庭的医疗支出要比没有社会医疗保险的家庭高出 404.09 元，差异有统计学意义。职工医保制度参保者家庭医疗支出比没有社会医疗保险的家庭高出 3 211.70 元。

8.2.2　中国社会医疗保险住院补偿净福利分配分析

根据福利经济学的消费者剩余理论，消费者的获得与投入之间的差值即消费者剩余。本研究以医疗保险的缴费为投入，住院补偿为获得，将这两者之间的差值作为参保者购买社会医疗保险的保险基金补偿净福利，来衡量每个参保者的福利分配情况。本研究以实际的缴费与住院补偿之间的差值为净福利来测算，更能说明收入、年龄和健康状况对净福利的影响程度和方向。

对职工医保基金补偿净福利进行分析发现，初始收入在 q40 分位数及之前，对基金补偿净福利的分配有统计学意义，之后的分位数没有统计学意义。在 q40 之前，随着分位数的增大，负值的系数绝对值在减小。这说明初始收入对职工医保基金补偿净福利的影响是负向的。q50 及以上的分位数说明，初始收入对净福利分配没有影响。年龄对于职工医保基金补偿净福利的影响较为全面。除了年龄在 26 岁左右和 67 岁以上没有影响以外，其他的年龄段都有正向的影响。这种影响从 21 岁到 41 岁呈降低趋势，直到 41 岁降低到 6.67 元；后随年龄的升高，逐渐升高到 60 岁的 333.33 元。这说明年龄是影响医保基金补偿净福利的主要因素。通过健康状况对医保基金补偿净福利的分位数回归分析发现，除了健康状况非常差的和非常好的这部分人的医保基金补偿净福利没有统计学意义以外，其他 90% 的参保者的健康状况都有统计学意义，并且其影响随着健康状况的变差而变大。

分析居民医保制度的初始收入、年龄和健康状况对医保基金住院补偿净福利的影响发现，其变化和职工医保制度基本类似。低收入者的初始收入有统计学意义，其他没有统计学意义。年龄在 40 岁以前和 60 岁以上没有统计学意义，其他年龄段的影响则较为显著，并呈增长趋势。身体状况的影响基本不显著。新农合制度中，初始收入基本没有统计学意义，年龄也基本上没有统计学意义，而身体状况除了 1% 非常不好的以外，全部具有统计学意义。

8.3 本研究的创新之处与不足

本研究的创新之处具体体现在以下三个方面：

一是研究视角创新。本研究选取的是全国调研数据，从公平与正义视角分析中国三类社会医疗保险制度的福利分配效应，研究视角较为新颖。

二是分析流程创新。本研究对中国三类社会医疗保险制度在医保基金筹资、住院费用支付和医保基金补偿三个环节，进行了体系完备、流程完整和维度全面的福利分配分析。

三是分析方法创新。利用倾向得分匹配分析得到中国社会医疗保险制度对福利分配的影响程度；利用分位数回归分析得到医疗基金补偿净福利在不同参保人群中的分配情况。

本研究基于全国层面分析中国三类医疗保险制度，没有细分到具体的省、自治区和直辖市，忽略了中国不同地区之间的差异，在一定程度上无法因地制宜地提出政策建议。接下来的研究将对中国各地区进行深入分析，提出更有针对性的政策建议。

8.4 中国社会医疗保险制度福利分配研究的政策建议

8.4.1 巩固福利分配成效，加大对低收入人群的扶持力度

社会医疗保险制度作为中国社会保障体系中的重要组成部分，有着社会福利再分配的主要功能。初次分配是以市场效率为主导的剩余式模式，再次分配是以社会公平为主导的制度再分配模式。2020 年 2 月 25 日发布的《中共中央、国务院关于深化医疗保障制度改革的意见》（以下简称"《意见》"）中明确提出，增强医疗保险的公平性是中国深化医疗保障制度改革的总体要求。《意见》的基本原则要求，要强化制度公平，逐步缩小待遇差距，增强对贫困群众的基础性、兜底性保障。《意见》中还强调，中国社会医疗保险公平适度的待遇保障是人民健康福祉的内在要求。所以，公平性是中国社会医疗保险再分配效应的重要体现。

中国自改革开放以来，经过 40 多年的改革、开放、发展和建设，特别是在社会保障体系日益完善的情况下，逐步建立起基本社会福利体系，为经济发展和社会稳定提供了重要支撑。特别是在社会医疗保障方面，社会医疗保险基本实现了全民医保，社会医疗救助的力度不断加大，"看病难、看病贵"问题有很大程度的缓解，"因病致贫、因病返贫"问题逐步解除，中国的社会保障体系逐步向"普惠型"演进。

罗尔斯的社会福利函数是用福利水平最低的那个群体的社会福利来衡量社会福利总量，福利分配越公平社会福利总量越大已成为社会福利发展的共识。在中国社会保险体制向全民医保不断普及、基金补偿力度不断加

大、补偿的病种不断增加和保障链条不断延长的态势发展的情况下，参保者福利分配的公平性愈加受到政策制定者、执行者和研究者的重视。社会医保政策制定者和医保基金管理者，应尽快推进医保基金支付方式改革，增强医疗救助对低收入群体的扶持力度，通过对低收入人群减免住院门槛费、适当提高补偿比例和增加医疗救助额度等，来提高低收入人群医疗服务利用的可及性，从而降低在不同收入群体之间的不公平程度。

8.4.2 整合社会医疗保险不同分类体制，促进人群福利分配公平

中国三类社会医疗保险制度在医保基金筹资、个人住院费用支付和医保基金补偿等运行环节的发展过程都不尽相同，有的还差异较大。特别是运行机制较为完善的职工医保制度，其筹资方式是用人单位缴纳和个人工资扣除，形成不同的统筹基金和个人账户，住院补偿从统筹基金账户中支付，个人门诊购药和药店购药从个人账户中支付；而居民医保制度和新农合制度只有统筹账户，没有个人账户，这就造成其在医保筹资方式和医保基金补偿上有所不同。

近年来，新农合制度和居民医保制度开始并轨运行，形成新的城乡居民医保制度，由于合并后的城乡居民医保制度的管理体制和机制都需要进一步完善，又受福利制度刚性影响，城乡居民医保制度的参保者都偏向较高的服务质量和补偿预期，造成部分地区城乡居民医保基金存在年度超支风险。因职工医保制度较为完善，基金收支较为平稳，在城乡居民医保制度运行不断完善的基础上，职工医保制度走向全民医保是未来的目标。

通过对中国社会医疗保险制度的福利再分配效应进行了测算、分解和寻找因素的全面系统的分析发现，定额缴费的新农合制度和居民医保制度存在较为严重的累退性。随着中国新农合制度与居民医保制度的融合形成的城乡居民医保制度，仍然实行的是"一制两档"或"一制多档"的定额筹资制度。2020 年 2 月 25 日，《中共中央、国务院关于深化医疗保障制度改革意见》中明确指出，坚持和完善覆盖全民、依法参加的基本医疗保险制度和政策体系，职工和城乡居民分类保障，待遇与缴费挂钩，基金分别建账、分账核算。根据本研究关于福利分配的分析不难发现，职工医保制度在筹资、支付和补偿的累进性，以及福利分配的公平性方面都要优于新农合制度和居民医保制度。中国已基本实现全民医保，所以在几类医保

制度演进的过程中，必定向着"三保合一"目标迈进。我们国家可以在已经基本完成的新农合制度与居民医保制度合并为城乡居民医保制度的基础上，进一步实现与职工医保制度的合并。

随着中国经济发展水平的提高和国家治理能力的增强，逐步实现"一制两档"到"一制三档"，最终实现社会医疗保险的"三类"变"三档"的全民医保制度目标，实现中国社会医疗保险制度大融合，真正实现社会医疗保险制度有效调节社会福利分配的目的，真正实现新时代中国全民医保制度下的社会福利公平分配的制度目标。

参考文献

埃里森，等，2011. 高级线性回归 [M]. 李丁，译. 上海：格致出版社.

安慧，2004. 我国有效需求不足问题研究：兼论西方有效需求理论 [D]. 武汉：武汉大学.

庇古，2013. 福利经济学（珍藏本）[M]. 金镝，译. 北京：华夏出版社.

柏雪，2018. 卫生正义的思考：推进我国全民基本医疗保险制度改革研究 [M]. 苏州：苏州大学出版社.

鲍勇，周尚成，2015. 健康保险学 [M]. 北京：科学出版社.

曹桂全，2013. 政府再分配调节的国际经验及其对我国的启示 [J]. 华东经济管理（7）：85-90.

曹桂全，2020. 中国个税和社会保障再分配效应的分解分析：以2014年天津住户调查的数据为样本 [J]. 经济社会体制比较（2）：39-48.

曹桂全，任国强，2014. 个人所得税再分配效应及累进性的分解分析：以天津市2008年城镇住户为样本 [J]. 南开经济研究（4）：123-140.

曹燕，2010. 城镇职工基本医疗保险个人账户套现的经济福利损失 [J]. 中国卫生经济，29（3）：40-42.

曹阳，蒋亚丽，高心韵，2015. 卫生筹资收入再分配效应的实证研究 [J]. 中国卫生事业管理，32（11）：837-842.

曹阳，宋文，李玥，等，2014. 新型农村合作医疗制度的收入再分配效应研究：基于江苏的实证调查 [J]. 中国卫生事业管理，31（10）：771-774，786.

曹阳，宋文，文秋香，等，2014. 城镇居民医疗保险收入再分配效应研究：基于江苏省的实证调查分析 [J]. 中国药房，25（12）：1070-1073.

陈鸣声，2018. 安德森卫生服务利用行为模型演变及其应用 [J]. 南京医科大学学报（社会科学版），18（1）：11-14.

陈强，2010. 高级计量经济学及Stata应用 [M]. 北京：高等教育出版社.

陈心广，魏晟，饶克勤，1996. 中国城市基本医疗服务需求弹性经济学模型研究 [J]. 中国卫生经济 (2)：55-57.

陈英耀，王立基，王华，2000. 卫生服务可及性评价 [J]. 中国卫生资源 (6)：279-282.

陈宗胜，等，2018. 中国居民收入分配通论：由贫穷迈向共同富裕的中国道路与经验 [M]. 上海：格致出版社.

陈宗胜，2002. 关于总体基尼系数估算方法的一个建议：对李实研究员《答复》的再评论 [J]. 经济研究 (5)：81-83，87.

陈宗胜，李清彬，2011. 再分配倾向决定框架模型及经验验证 [J]. 经济社会体制比较 (4)：35-46.

陈佐君，2014 统筹城乡医疗保障制度的思考 [J]. 宏观经济管理 (3)：63-65.

程世礼，2002. 评罗尔斯的正义论 [J]. 华南师范大学学报（社会科学版）(5)：23-26.

程中培，2019. 城乡居民家庭基本生活需要的测量及保障路径分析：基于2018 年中国家庭追踪调查数据 [J]. 湖南农业大学学报（社会科学版），20 (6)：63-70.

程中培，2019. 农村低保制度"福利污名"效应研究：基于"中国家庭追踪调查"数据的分析 [J]. 社会建设，6 (6)：62-76.

仇晓凤，2015. 我国政府再分配效应和再分配制度的改进研究 [D]. 天津：天津大学.

崔友平，2008. 论现有收入分配不均等性指标的缺陷与改进 [J]. 山东经济 (1)：28-32.

邓春玲，1999. 凯恩斯的有效需求理论与借鉴 [J]. 东北财经大学学报 (6)：25-28.

邓曲恒，2010. 中国城镇地区的健康不平等及其分解 [J]. 中国社会科学院研究生院学报 (5)：62-68.

丁利，2016. 制度激励、博弈均衡与社会正义 [J]. 中国社会科学 (4)：135-158，208.

丁少群，苏瑞珍，2019. 我国农村医疗保险体系减贫效应的实现路径及政策效果研究：基于收入再分配实现机制视角 [J]. 保险研究 (10)：114-127.

丁夏夏，董黎明，高新宇，2012. 福利经济学视阈下我国新型农村合作医疗制度持续改进研究［J］. 湖北函授大学学报，25（4）：84-85.

蒂姆斯，蒂姆斯，1989. 社会福利词典［M］. 岳西宽，郭苏建，刘淑敏，译. 北京：科学技术文献出版社.

杜创，朱恒鹏，2016. 中国城市医疗卫生体制的演变逻辑［J］. 中国社会科学（8）：66-89.

范逢春，2020. 城乡基本医疗卫生服务均等化的制度变迁与治理反思：基于倡导联盟框架的分析［J］. 中共宁波市委党校学报，42（2）：5-14.

范佳男. 阿玛蒂亚·森的可行能力平等理论研究［D］. 天津：天津师范大学，2015.

封建强，2000. 基尼系数与满意曲线［J］. 统计研究，17（11）：49-53.

封进，2019. 社会保险经济学［M］. 北京：北京大学出版社.

富兰德，古德曼，斯坦诺，2011. 卫生经济学［M］. 王健，李顺平，孟庆跃，等，译. 北京：中国人民大学出版社.

甘犁，刘国恩，马双，2010. 基本医疗保险对促进家庭消费的影响［J］. 经济研究（S1）：30-38.

龚群，2014. 德沃金对罗尔斯分配正义理论的批评与发展［J］. 湖北大学学报（哲学社会科学版），41（5）：1-7，148.

顾肃，2018. 运气、个人选择责任与机会平等［J］. 社会科学辑刊（4）：100-106，209.

官海静，刘国恩，熊先军，2013. 城镇居民基本医疗保险对住院服务利用公平性的影响［J］. 中国卫生经济（1）：42-44.

郭晗，任保平，2011. 基本公共服务均等化视角下的中国经济增长质量研究［J］. 产经评论（4）：95-103.

国际劳工局社会保障司，1989. 社会保障导论［M］. 管静和，张鲁，译. 北京：劳动人事出版社.

郭丽娜，2011. 有效需求理论演进及其发展研究［D］. 沈阳：辽宁大学.

郭庆旺，陈志刚，温新新，等，2016. 中国政府转移性支出的收入再分配效应［J］. 世界经济，39（8）：50-68.

韩晓贺，2016. 阿玛蒂亚·森的平等理论［J］. 重庆社会科学，255（2）：115-120.

郝令昕, 奈曼, 2012. 分位数回归模型 [M]. 肖东亮, 译. 上海: 格致出版社.

郝秀琴, 2014. 政府再分配的社会福利效应 [J]. 河南师范大学学报 (哲学社会科学版), 41 (4): 68-71.

何利平, 李晓梅, 孟琼, 等, 2015. 集中指数不同计算方法的比较 [J]. 中国卫生统计, 32 (4): 699-701.

侯志远, 2012. 新型农村合作医疗福利效应研究: 基于山东和宁夏六县实证分析 [D]. 济南: 山东大学.

胡宏伟, 张小燕, 赵英丽, 2012. 社会医疗保险对老年人卫生服务利用的影响: 基于倾向得分匹配的反事实估计 [J]. 中国人口科学 (2): 57-66.

胡鹏, 2015. 基本医疗保险运行及可持续发展的精算模型分析 [D]. 大连: 东北财经大学.

胡薇, 2017. 中国社会福利体系转型中的国家责任研究 [M]. 北京: 国家行政学院出版社.

胡祖光, 2004. 基尼系数理论最佳值及其简易计算公式研究 [J]. 经济研究, 39 (9): 60-69.

黄帅, 2018. 罗尔斯分配正义理论的差别原则研究 [D]. 上海: 华东师范大学.

黄秀女, 郭圣莉, 2018. 城乡差异视角下医疗保险的隐性福利估值及机制研究: 基于 CGSS 主观幸福感数据的实证分析 [J]. 华中农业大学学报 (社会科学版), 138 (6): 93-103, 156.

《简明不列颠百科全书》中美联合编审委员会, 1986. 简明不列颠百科全书 [J]. 上海: 中国大百科全书出版社.

金彩红, 2005. 中国医疗保障制度的收入再分配调节机制研究 [J]. 经济体制改革 (6): 120-124.

金双华, 于洁, 2016. 医疗保险制度对不同收入阶层的影响: 基于辽宁省城镇居民的分析 [J]. 经济与管理研究 (2): 107-114.

凯恩斯, 1983. 就业利息和货币通论 [M] 徐毓枏, 译. 北京: 商务印书馆.

乐章, 2009. 福利多元主义视角下的医疗保险政策分析 [J]. 公共行政评论, 2 (5): 37-51, 202.

李东, 孙东琪, 2020. 2010—2016 年中国多维贫困动态分析: 基于中国家庭跟踪调查（CFPS）数据的实证研究［J］. 经济地理, 40（1）: 41-49.

李佳佳, 2012. 统筹城乡医疗保障制度的福利分配效应研究［D］. 南京: 南京农业大学.

李佳佳, 徐凌忠, 2015. 统筹城乡医疗保险制度的筹资机制与社会福利: 基于山东省高青县的调查分析［J］. 农业技术经济（8）: 89-97.

李玲, 2014. 医改和国家治理现代化［J］. 中国机构改革与管理, 34（12）: 32-33.

李玲, 李影, 袁嘉, 2014. 我国医疗卫生改革中道德风险的探究及其影响［J］. 中国卫生经济（1）: 5-10.

李玲, 徐扬, 陈秋霖, 2012. 整合医疗: 中国医改的战略选择［J］. 中国卫生政策研究（9）: 10-16.

李楠, 秦慧, 2017. 阿玛蒂亚·森可行能力平等理论评析及其启示［J］. 思想教育研究, 277（8）: 51-54.

李实. 对收入分配研究中几个问题的进一步说明: 对陈宗胜教授评论的答复［J］. 经济研究, 2000（7）: 72-76.

李旭, 高倩倩, 仇蕾洁, 等, 2019. 基于集中指数的我国卫生筹资结构及公平性变化研究［J］. 中国卫生经济, 38（9）: 37-41.

李叶滋, 2019. 美国医疗保险改革下的社会福利制度困境研究: 2009-2018［D］. 杭州: 浙江大学.

李永友, 2017. 公共卫生支出增长的收入再分配效应［J］. 中国社会科学（5）: 63-82.

李月娥, 卢珊, 2017. 安德森模型的理论构建及分析路径演变评析［J］. 中国卫生事业管理, 34（5）: 324-327.

李月娥, 卢珊, 2017. 医疗卫生领域安德森模型的发展、应用及启示［J］. 中国卫生政策研究, 10（11）: 77-82.

李子奈, 潘文卿, 2015. 计量经济学［M］. 4版. 北京: 高等教育出版社.

梁保菊, 2017. 罗尔斯分配正义理论及其对我国分配领域改革的启示［D］. 济南: 山东大学.

梁润, 汪浩, 2010. 医疗保险的福利效应［J］. 南方经济（6）: 3-16.

梁长来, 2007. 农村合作医疗模型及其福利经济学分析［J］. 郑州铁路职业技术学院学报, 19（2）: 78-80.

刘楚，尹爱田，2017. 我国全科医生的配置公平性研究：基于基尼系数和泰尔指数 [J]. 中国卫生经济，36（1）：49-52.

刘洪军，陈柳钦，2001. 论宏观经济稳定运行的制度基础：对凯恩斯的有效需求理论的修正 [J]. 江苏社会科学（6）：16-20.

刘军强，刘凯，曾益，2015. 医疗费用持续增长机制：基于历史数据和田野资料的分析 [J]. 中国社会科学（8）：104-125.

刘凯，2018. 福利资格、制度安排与福利结果：构建一个评估医疗保险财务风险保护机制的概念框架 [J]. 北京社会科学，188（12）：116-123.

刘庆菊，2011. 凯恩斯有效需求理论及其局限 [J]. 中国集体经济（31）：59-60.

刘小鲁，2015. 社会医疗保险与我国医疗服务利用的公平性研究 [J]. 中国卫生经济（4）：17-19.

罗默，2017. 分配正义论 [M]. 张晋华，吴萍，译. 北京：社会科学文献出版社.

罗尔斯，2009. 正义论（修订版）[M]. 何怀宏，何包钢，廖申白，译. 北京：中国社会科学出版社.

卢小君，2019. 医疗保险对流动老年人医疗服务利用的影响：基于倾向得分匹配方法的反事实估计 [J]. 中国卫生事业管理，36（9）：657-660.

卢祖洵，2003. 社会医疗保险学 [M]. 北京：人民卫生出版社.

吕新军，王昌宇，2019. 社交互动、城镇化与家庭股票市场参与：基于CFPS数据的实证研究 [J]. 区域金融研究（12）：21-27.

吕永祥，2014. 罗尔斯公平的机会平等原则初探 [J]. 学理论（6）：28-29.

马超，2014. 城乡医保统筹对城乡居民医疗服务利用公平性研究 [D]. 南京：南京大学.

马超，顾海，宋泽，2017. 补偿原则下的城乡医疗服务利用机会不平等 [J]. 经济学（季刊），16（4）：1261-1288.

马超，曲兆鹏，宋泽，2018. 城乡医保统筹背景下流动人口医疗保健的机会不平等：事前补偿原则与事后补偿原则的悖论 [J]. 中国工业经济，359（2）：100-117.

马超，宋泽，顾海，2016. 医保统筹对医疗服务公平利用的政策效果研究 [J]. 中国人口科学（1）：108-117.

马桂峰, 2014. 新医改前后新型农村合作医疗基金生产率变化研究 [J]. 中国卫生经济, 33 (8): 23-26.

马桂峰, 蔡伟芹, 王培承, 等, 2017. 我国不同社会医疗保险参保群体卫生服务利用不平等研究 [J]. 中国卫生经济, 36 (12): 28-31.

马桂峰, 范绍娟, 王春燕, 等, 2017. 潍坊市新型农村合作医疗基金运行效率分析 [J]. 中国卫生资源, 20 (4): 318-321.

马桂峰, 马安宁, 尹爱田, 等, 2013. 新型农村合作医疗制度实施前后中国乡镇卫生院生产率变化的研究 [J]. 中国卫生经济, 32 (9): 59-61.

马桂峰, 马安宁, 尹爱田, 等, 2014. 县级公立医院综合改革政策对医院运行的影响研究 [J]. 中国卫生经济, 33 (1): 17-20.

马桂峰, 盛红旗, 马安宁, 等, 2012. 新型农村合作医疗实施前后乡镇卫生院效率变化的研究 [J]. 中国卫生经济, 31 (4): 52-55.

马骁, 2016. 约翰·罗默机会平等理论研究 [D]. 南宁: 广西大学.

孟翠莲, 2008. 中国新型农村合作医疗制度可持续发展研究 [M]. 北京: 中国财政经济出版社.

孟庆跃, 2013. 卫生经济学 [M]. 北京: 人民卫生出版社.

苗豫东, 2013. 基于安德森卫生服务利用模型的农村 2 型糖尿病病人随访服务利用分析 [D]. 武汉: 华中科技大学.

牟蒙蒙, 2017. 约翰·罗默机会平等理论及其当代中国意义 [D]. 济南: 山东大学.

宁满秀, 杨志武, 刘进, 2013. 新农合的福利效果与改革方向: 基于供给者诱导需求的分析框架 [J]. 中南大学学报 (社会科学版), 19 (5): 32-36.

欧阳葵, 2011. 理论基尼系数及其社会福利含义的讨论 [J]. 统计研究, 28 (5): 52-57.

欧阳葵, 王国成, 2013. 社会福利函数的存在性与唯一性: 兼论其在收入分配中的应用 [J]. 数量经济技术经济研究, 30 (2): 65-81.

欧阳葵, 王国成, 2014. 社会福利函数与收入不平等的度量: 一个罗尔斯主义视角 [J]. 经济研究, 49 (2): 87-100.

彭海艳, 2011. 我国个人所得税再分配效应及累进性的实证分析 [J]. 财贸经济 (3): 11-17.

彭海艳，伍晓榕，2008. 税收累进性测量方法之比较 [J]. 统计与决策 (20)：48-50.

彭华民，孙维颖，2016. 福利制度因素对国民幸福感影响的研究：基于四个年度 CGSS 数据库的分析 [J]. 社会建设，3 (3)：4-14

彭五堂，2015. 罗默"不公平对待"理论评析 [J]. 管理学刊，28 (5)：11-15.

秦莉，2016. 中国适度普惠型社会福利体系的建构研究 [M]. 上海：上海交通大学出版社.

阮敬，刘雅楠，2020. 从分享到共享：基于 CFPS 收入数据的发展成果多维共享格局研究 [J]. 财经研究，46 (4)：4-17.

萨缪尔森，诺德豪斯，2013. 经济学 [M]. 肖琛，主译. 北京：商务印书馆.

森，2012. 正义的理念 [M]. 王磊，李航，译. 北京：中国人民大学出版社.

森，2016. 再论不平等 [M]. 王利文，于占杰，译. 北京：中国人民大学出版社.

宋艳慧，2014. 社会保障权的公法保障 [D]. 武汉：武汉大学.

宋泽，2015. 中国基本医疗保险再分配研究 [D]. 长沙：湖南大学.

孙淑云，2015. 我国城乡基本医保的立法路径与整合逻辑 [J]. 河北大学学报（哲学社会科学版），40 (2)：116-122.

孙香玉，钟甫宁，2009. 福利损失、收入分配与强制保险：不同农业保险参与方式的实证研究 [J]. 管理世界，(5)：80-88，96.

孙月平，刘俊，谭军，2004. 应用福利经济学 [M]. 北京：经济管理出版社.

孙长青，2018. 城乡基本医疗保障服务均等化与福利分配效应研究 [M]. 北京：中国经济出版社.

谭晓婷，钟甫宁，2010. 新型农村合作医疗不同补偿模式的收入分配效应：基于江苏、安徽两省 30 县 1 500 个农户的实证分析 [J]. 中国农村经济 (3)：87-96.

唐爱国，秦宛顺，2003. 基于广义随机占优的经济福利测度：GINI 系数和 Atkinson 指数的推广与统一 [J]. 经济科学 (1)：104-113.

田雪丰，2019. 基本医保会引发老年人事前道德风险吗？基于 CHARLS 数据的实证研究 [D]. 济南：山东大学.

万海远，2017. 收入不平等与公共政策 [M]. 北京：社会科学文献出版社.

王红波，张素，2020. 制度参与、行政感知与社会保障制度信任：基于 CF-PS（2016）的实证分析 [J]. 西北人口，41（1）：13-21.

王坤，2010. 评析约翰·罗默的公平分配理论 [J]. 生产力研究，（9）：17-19，75.

王玲雅，2014. 个人所得税调节居民收入分配的再分配效应及累进性分析 [D]. 杭州：浙江工商大学.

王实，2016. 论罗尔斯分配正义理论的两个原则 [D]. 呼和浩特：内蒙古大学.

王帅. 我国城镇居民基本医疗保险市场逆向选择效应的研究 [D]. 济南：山东大学，2019.

王小万，刘丽杭，2003. 医疗保健服务利用行为模式 [J]. 中国卫生事业管理（8）：500-502.

王延中，2013. 中国社会保障收入再分配状况调查 [M]. 北京：社会科学文献出版社.

王延中，龙玉其，江翠萍，等，2016. 中国社会保障收入再分配效应研究：以社会保险为例 [J]. 经济研究，51（2）：4-15，41.

王翌秋，徐登涛，2019. 新型农村合作医疗保险受益公平性研究：基于 CHARLS 数据的实证分析 [J]. 江苏农业科学，47（3）：311-314.

温兴祥，郑子媛，2019. 城市医疗保险对农民工家庭消费的影响：基于 CF-PS 微观数据的实证研究 [J]. 消费经济，35（6）：23-32.

吴芳平，2014. 新型农村合作医疗制度对乡镇卫生院效率影响研究 [D]. 青岛：中国海洋大学.

吴雪，周晓唯，张朔婷，2015. 城乡基本医疗保险制度整合的目标与策略 [J]. 湖南农业大学学报（社会科学版），16（3）：98-102.

吴振，2013. 论我国个人所得税再分配功能的完善 [D]. 苏州：苏州大学.

夏少斐，2000. 持久收入理论对有效需求不足的解释和启示 [J]. 上海财经大学学报，2（1）：26-30.

解垩，2008. 新型农村合作医疗的福利效应分析：微观数据的证据 [J]. 人口与发展（5）：12-17.

解垩，2009. 与收入相关的健康及医疗服务利用不平等研究 [J]. 经济研究，44（2）：92-105.

谢予昭, 顾昕, 2018. 中国社会医疗保险中的逆向选择行为: 基于 CHNS 2009 年和 2011 年数据的实证检验 [J]. 中国公共政策评论 (2): 60-74.

谢宇, 胡婧炜, 张春泥, 2014. 中国家庭追踪调查: 理念与实践 [J]. 社会 (2): 1-32.

徐宽, 2003. 基尼系数的研究文献在过去八十年是如何拓展的 [J]. 经济学 (季刊), 2 (3): 757-778.

徐强, 叶浣儿, 2016. 新型农村合作医疗的收入再分配效应研究: 基于全国 6 省入户调查数据的实证分析 [J]. 浙江社会科学 (6): 80-88, 158.

许琳, 翟绍果, 唐丽娜, 2018. 社会保障学 [M]. 北京: 清华大学出版社.

姚岚, 熊先军, 2013. 医疗保障学 [M]. 北京: 人民卫生出版社.

应晓华, 2003. 我国卫生服务筹资公平性研究 [D]. 上海: 复旦大学.

游琴, 2015. 罗默机会平等思想的理论演绎 [J]. 经济与社会发展, 13 (1): 48-51.

於嘉, 2015. 我国医疗保险制度福利效应评估: 基于选择性的分析 [J]. 财经问题研究 (12): 62-68.

于大川, 丁建定, 2016. 社会医疗保险对老年人健康的影响: 基于倾向得分匹配方法的反事实评估 [J]. 华中科技大学学报 (社会科学版), 30 (2): 107-115.

于大川, 李培祥, 杨永贵, 2019. 农村医疗保险制度的增收与减贫效应评估: 基于 CHNS (2015) 数据的实证分析 [J]. 农业经济与管理 (5): 35-45.

于跃, 2007. 从三次分配角度看政府对收入分配差距的调节 [J]. 北方经济 (8): 4-6.

于长永, 2012. 农民对新型农村合作医疗的福利认同及其影响因素 [J]. 中国农村经济 (4): 76-86.

岳海燕, 2019. 老年人医疗费用支出及影响因素研究 [D]. 贵阳: 贵州财经大学.

张伟, 2010. 经济福利测度: 理论分析与中国经验研究 [D]. 武汉: 华中科技大学.

张宇, 2010. 凯恩斯的有效需求不足理论与中国现实 [J]. 佳木斯大学社会科学学报, 28 (5): 32-33.

张圆, 2019. 健康中国背景下中国老年人健康水平的动态研究: 基于 CHARLS 数据的实证分析 [J]. 西北人口, 40 (5): 50-59.

张卓, 张海明, 尹爱田, 等, 2018. 基于 Anderson 模型的山东省农村高血压患者预防保健和卫生服务利用的影响因素分析 [J]. 医学与社会, 31 (10): 1-4.

赵戴君, 2019. 基于集中指数和水平不平等指数的卫生服务利用公平性研究:以上海市不同收入水平居民的 CHNS 数据分析为例 [J]. 健康教育与健康促进, 14 (2): 121-125.

赵蔚蔚, 于长永, 乐章, 2012. 新型农村合作医疗福利效应研究 [J]. 人口与经济 (2): 87-92.

甄理, 2010. 基于有效需求理论的黑龙江省农业保险研究 [J]. 哈尔滨商业大学学报 (社会科学版) (4): 27-30.

钟起万, 温修春, 2012. 城乡居民医保制度衔接进程中管理主体间的博弈分析 [J]. 农村经济 (2): 79-83.

周谨平, 2009. 基于机会公平的社会福利分配 [J]. 湖南社会科学 (5): 198-201.

周瑾平, 2009. 机会平等与分配正义 [M]. 北京: 人民出版社.

周靖, 2013. 中国居民与收入相关的健康不平等及其分解: 基于 CGSS2008 数据的实证研究 [J]. 贵州财经大学学报 (3): 52-57.

周黎, 王斌, 韩彪, 2005. 一种改进的 Gini 系数 [J]. 数量经济技术经济研究, 22 (5): 50-57.

周文兴, 2003. 中国总体基尼系数测定问题: 兼评 "陈宗胜—李实论战" 并与陈宗胜教授商榷 [J]. 南开经济研究 (3): 37-40, 50.

周燕芳, 刘小瑜, 2020. 家庭受教育水平与收入不平等关系研究: 基于 CFPS2016 数据分析 [J]. 江西社会科学, 40 (3): 85-95.

朱博, 2014. 中国基尼系数问题研究 [D]. 成都: 西南财经大学.

朱富强, 2017. 社会主义的机会平等观: 福利主义在西方的现代发展 [J]. 国外理论动态 (9): 82-92.

朱海龙, 2016. 医疗政策: 完善医疗保障制度的根本保障 [J]. 甘肃社会科学 (4): 27-31.

朱文斌, 2012. 中国社会医疗保险公平性研究 [D]. 杭州: 浙江大学.

朱学磊, 2015. 罗尔斯 "分配正义" 理论及其批评者: 兼论 "分配正义" 理论对当代中国的启示 [J]. 学术探索, 182 (1): 23-28.

邹厚东, 张莺莺, 马玉琴, 等, 2012. 新型农村合作医疗福利性概念界定与定性分析 [J]. 中国卫生经济, 31 (2): 20-22.

ANDERSEN R M, 1968. A behavioral model of families' use of health services [D]. Chicago: University of Chicago.

ANDERSEN R M, 1995. Revisiting the behavioral model and access to medical care: Does it matter? [J]. Journal of Health and Social Behavior, 36 (1): 1-10.

ARONSON J R, JOHNSON P, LAMBERT P J, 1994. Redistributive effect and unequal income tax treatment [J]. Economic Journal, 104 (423): 262-270.

ATKINSON A B, 1970. On the measurement of inequality [J]. Joural of economic theory, 2 (3): 244-263.

BORGES A P, HENRIET D, LAUSSEL D, 2011. Uncertainty and the welfare economics of medicalcare [J]. Journal of public economic theory, 13 (4): 481-502

CHEN A W, KAZANJIAN A, WONG H, 2008. Determinants of mental health consultations among recent chinese immigrants in British Columbia, Canada: Implications for mental health risk and access to services [J]. Journal of immigrant and minority health, 10 (6): 529-540.

CHIU W H, 1997. Health insurance and the welfare of health care consumers [J]. Journal of Public economics, 64 (1): 125-133.

DALTON H, 1920. The measurement of the inequality of incomes [J]. The economic journal, 30 (119): 348-361.

EGGLESTON K, LI L, MENG Q Y, et al., 2008. Health service delivery in China: a literature review [J]. Health economics, 17 (2): 149-165.

FELDSTEIN M S, 1970. The rising price of physicians' services [J]. The review of economics and statistics, 52 (2): 121-133.

FELDSTEIN M S, 1971. Hospital cost inflation: a study of nonprofit price dynamics [J]. American economic review, 61 (5): 853-872.

FELDSTEIN M S, 1973. The welfare loss of excess health insurance [J]. Journal of political economy, 81 (2): 251-280.

FELDSTEIN M S, 1976. On the theory of tax reform [J]. Journal of public economics, 6 (1): 77-104.

GAYNOR M, HAAS-WILSON D, VOGT W B, 2000. Are invisible hands good hands? Moral Hazard, competition, and the second-best in health care markets [J]. Journal of political economy, 108 (5): 992-1005.

HAWRANIK P, 2002. Inhome service use by caregivers and their elders: Does cognitive status make a difference? [J]. Canadian journal on aging, 21 (2): 257-271.

HEIDER D, MATSCHINGER H, MÜLLER H, et al., 2014. Health care costs in the elderly in Germany: An analysis applying Andersen's behavioral model of health care utilization [J]. BMC health services research, 14: 71.

KAKWANI N C, 1977. Measurement of tax progressivity: An international comparison [J]. Economic journal, 87 (345): 71-80.

KAKWANI N C, 1984. On the measurement of tax progressivity and redistribution effect of taxes with application tohorizontal and vertical equity [J]. Advances in econometrics (3): 149-168.

LIN W C, LIU G G, CHEN G, 2009. The urban resident basic medical insurance: A landmark reform towards universal coverage in China [J]. Health economics, 18 (S2): S83-S96.

MARSHALL T H, 1963. Sociology at the Crossroads [M]. London: Heinemann.

MORRIS S, SUTTON M, HUGH G, 2005. Inequity and inequality in the use of health care in England: An empirical investigation [J]. Social science and medicine, 60 (6): 1251-1266.

MUSGRAVE R A, THIN T, 1948. Income tax progression, 1929-48 [J]. Journal of political economy, 56 (6): 498-514.

O'DONNELL O, O'NEILL S, OURTI T V, et al., 2016. Conindex: Estimation of Concentration Indices [J]. Stata journal, 16 (1): 112-138.

RAWELS J, 1971. A theory of justice [M]. Cambridge: The Belknap Press of Harvard University Press.

ROSENBAUM P R, RUBIN D B, 1983. The central role of the propensity score in observational studies for causal effects. Biometrika, 70 (1): 41–55.

RUBIN D B, 1997. Estimating causal effects from large data sets using propensity scores [J]. Annals of internal medicine, 127 (8): 757–763.

SEN A, 1973. On Economic inequality [M]. Oxford: Clarendon Press.

SPARK M J, WILLIS J, IACONO T, 2014. Compounded progesterone and the behavioral model of health services use [J]. Research in social & administrative pharmacy, 4 (10): 693–699.

STEPHEN M, MATTHEW S, HUGH G, 2005. Inequity and inequality in the use of health care in England: An empirical investigation [J]. Social science & medicine, 60 (6): 1251–1266.

SUITS D B, 1977. Measurement of tax progressivity [J]. American economic review, 67 (4): 747–752.

SUN X J, REHNBERG C, MENG Q Y, 2009. How are individual–level social capital and poverty associated with health equity? A study from two Chinese cities. [J]. International journal for equity in health, 8 (1): 2.

URBAN I, LAMBERT P J, 2005. Redistribution, horizontal inequity, and reranking: How to measure them properly [R]. University of Oregon Economics Department Working Papers.

VAITHIANATHAN R, 2006. Health insurance and imperfect competition in the health care market [J]. Journal of health economics, 25 (6): 1193–1202.

VAN DOORSLAER E, KOOLMAN X, JONESA M, 2004. Explaining income–related inequalities in doctor utilisation in Europe [J]. Health Economics, 13 (7): 629–647.

WAGSTAFF A, DOORALAER E V, WATANABE N, 2003. On decomposing the causes of health sector inequalities with an application to malnutrition inequalities inVietnam [J]. Journal of econometrics, 112 (1): 207–223.

WRIGHT D J, 2006. Insurance and monopoly power in a mixed private/public hospital system [J]. Economic record, 82 (259): 460–468.

附录 2017 年中国家庭金融调查问卷（节选）

第一部分：人口统计学特征

一、受访户追踪

［A1100］请问【CAPI 加载受访者姓名】先生/女士是否住在这里？

  1. 是【跳至 A1105】

  2. 否，现在不住在这里【跳至 A1101】

  3. 否，已经去世【跳至 A1102】

  4. 否，从未住在这里【跳至 A1103】

  5. 否，不认识受访者【跳至 A1103】

  CAPI：不设置"不知道"及"拒答"选项。

［A1101］【CAPI 加载受访者姓名】目前不住在这里的原因是？

  1. 已搬迁【跳至 A1104】

  2. 已出嫁【跳至 A1105】

  3. 已离婚【跳至 A1105】

  4. 已分居【跳至 A1105】

  5. 已分家【跳至 A 1105】

  6. 异地工作或学习

  7777. 其他（请注明）

  CAPI：不设置"不知道"及"拒答"选项。

［A1102］您是【CAPI 加载受访者姓名】的家人吗？

    1. 是【跳至 A1105】

    2. 否【跳至 A1104】

    CAPI：不设置"不知道"及"拒答"选项。

［A1103］2015 年夏天，您家是否接受过"中国家庭金融调查"的访问？

    1. 是【跳至 A1105】

    2. 否【退出问卷】

    CAPI：

    #1 不设置"不知道"及"拒答"选项。

    #2 若 A1103＝2，系统阻止访员继续访问，提示"该户不是 2015 年访问的受访户，请按平板下方返回按键关闭问卷，重新追踪受访户"。

［A1104］您能告诉我他/她家的联系方式或家庭住址吗？或者是可能知道他/她家情况的人的信息？

    1. 是，可以提供联系方式

    2. 是，可以提供家庭住址

    3. 是，可以提供联系方式和家庭住址

    4. 否，认识，但不知道他/她家的情况【退出问卷】

    5. 否，不认识【退出问卷】

表 A1 家庭成员情况部分问题节选

原家庭成员确认：家庭成员编码（pline）		1	2	……
［A1106］	若姓名、年龄都有误，则认为没有该家庭成员，请访员选择选项 4。 2015 年夏天我们到您家访问时，您家有位叫【CAPI 加载家庭成员姓名】，年龄为【CAPI 加载家庭成员年龄】岁的家庭成员，对吗？ 1. 是，姓名、年龄无误【跳至 A1108】 2. 是，但姓名记录有误【跳至 A1106b】 3. 是，但年龄记录有误【跳至 A1106c】 4. 否，当时没有此家庭成员【循环下一位家庭成员】			
［A1106b］	他/她的姓名是？			
［A1106c］	他/她的年龄是？			
［A1108］	【CAPI 加载家庭成员姓名】现在还是您的家庭成员吗？ 1. 是【跳至 A1110】 2. 否			
［A1109］	他/她为什么现在不是您家的家庭成员了？ 1. 出嫁/赘婿　4. 出家 2. 离婚/分居　5. 分家 3. 去世　　7777. 其他（请注明）＿＿＿＿			

……

第三部分：保险与保障

一、社会保障

表 A2　社会保障部分问题节选

（一）社会养老保险及企业年金		1	2	……
家庭成员编号		1	2	……
［F1001a］	目前，【CAPI 加载姓名】参加的是下列哪种社会养老保险？ 1. 政府、事业单位退休金 2. 城镇职工基本养老保险金（城职保） 3. 新型农村社会养老保险金（新农保） 4. 城镇居民社会养老保险金（城居保） 5. 城乡统一居民社会养老保险金 7777. 其他（请注明）＿＿＿＿＿＿＿＿ 7788. 都没有【跳至 F2001a】 注意：这里询问的是目前，如受访者回答有交两种社会养老保险，则需要询问其中一种养老保险是否已停交；如果没有停交，则询问交得较多的那一类社会养老保险。不包括商业养老保险。			
［F1003］	【CAPI 加载姓名】的【CAPI 加载［F1001a］所选项】是否已开始领取？ 1. 是 2. 否【若 F1001a＝2、3、4、5、7777，跳至 F1008；若 F1001a＝1，跳至 F1026】			
［F1005］	【CAPI 加载姓名】去年平均每个月领取了多少养老金？（单位：元） （如果受访者不知道或不愿意回答则问［F1005it］） →跳至 F1010			

表A2（续）

［F1005it］	每个月领取的养老金在下列哪个范围内？（单位：元） 1. 50 以下　　　　8. 1500~3000 2. 50~100　　　　9. 3000~5000 3. 100~150　　　　10. 5000~10000 4. 150~300　　　　11. 1 万~2 万 5. 300~500　　　　12. 2 万~3 万 6. 500~800　　　　13. 3 万~5 万 7. 800~1500　　　14. 5 万以上 →跳至 F1010			
［F1008］	去年平均每个月养老保险自己缴纳多少钱？（单位：元）			
［F1010］	【CAPI 加载姓名】的【CAPI 加载［F1001a］选项】个人账户现在有多少余额？（单位：元） （如果受访者不知道或不愿意回答则问［F1010 it］）			
［F1010 it］	【CAPI 加载［F1001a］选项名称】账户余额大概在下列哪个范围？（单位：元） 1. 5 千以下　　　　7. 15 万~20 万 2. 5 千~1 万　　　8. 20 万~30 万 3. 1 万~2 万　　　9. 30 万~50 万 4. 2 万~5 万　　　10. 50 万~100 万 5. 5 万~10 万　　　11. 100 万以上 6. 10 万~15 万			
［F1026］	是否有职业年金、企业年金或企业补充养老保险？ 1. 是 2. 否【跳至 F2001a】			
［F1027］	去年是否已经开始领取该年金？ 1. 是 2. 否【跳至 F1029】			
［F1028］	去年平均每个月领到多少年金？（单位：元） →跳至 F1031			

（二）医疗保险 （CAPI：本部分问题逐一询问所有家庭成员）			
家庭成员编号	1	2	……
［F2001a］	【CAPI 加载姓名】目前拥有以下哪种社会医疗保险？ 1. 城镇职工基本医疗保险　4. 城乡居民基本医疗保险 2. 城镇居民基本医疗保险　5. 公费医疗 3. 新型农村合作医疗保险　7788. 以上都没有		
［F2001b］	除社会医疗保险外，【CAPI 加载姓名】目前拥有以下哪些医疗保险？（可多选） 1. 商业医疗保险（单位购买）　5. 社会互助 2. 商业医疗保险（个人购买）　7777. 其他（请注明） 3. 企业补充医疗保险　　　　　7788. 以上都没有 4. 大病医疗统筹 CAPI #1 若选项 7788 与其他选项互斥 #2 若 F2001a＝5，7788&F2001b＝7788，跳至 F2022 #3 若 F2001a＝dk，rf&2001b＝dk、rf，跳至 F2022		
CAPI：若 F2001a＝1、2、3、4、5 或 F2001b＝1、2、3、4、5、7777，逐项加载 F2001a、F2001b 所选项，循环询问每位家庭成员的 F2004~F2006it 情况			
［F2004］	去年，【CAPI 逐项加载 F2001a、F2001b 所选项】自己交了多少保费？（单位：元）［0.999999999］ （在 F2001a＝1、2、3、4、5 或 F2001b＝1、2、3、4、5、7777 时询问）		
［F2005］	该医疗保险是否有个人账户？ 1. 是　2. 否【跳至 F2022】		
［F2006］	目前个人账户有多少余额？（单位:元）［0.999999999］ （仅在 F2005＝1 时询问） （如果受访者不知道或不愿意回答则问［F2006 it］）		
［F2006 it］	医疗保险账户余额大概在哪个范围？（单位：元） 1. 2 千以下　　　7. 10 万~15 万 2. 2 千~5 千　　8. 15 万~20 万 3. 5 千~1 万　　9. 20 万~30 万 4. 1 万~2 万　　10. 30 万~50 万 5. 2 万~5 万　　11. 50 万以上 6. 5 万~10 万		

表A2（续）

［F2022］	去年，【CAPI 加载姓名】是否住过院？ 1. 是 2. 否【跳至 F3001】 CAPI：若［F2022］=dk、rf，跳至［F3001］			
［F2024］	去年，【CAPI 加载姓名】住院费用总共是多少钱？（单位：元）［0. 999999999］			
［F2025］	其中医疗保险预计可报销或已经报销了多少钱？（单位：元）［0. 999999999］（若 F2001a＝7788&F2001b＝7788，则不询问此题）			
［F2026］	去年，非家庭成员为【CAPI 加载姓名】住院给过钱或代付医药费一共是多少？如果没有则填 0（单位：元）［0. 999999999］（仅包含不需要偿还的那部分）			

后记

感谢由甘犁教授领衔的西南财经大学中国家庭金融调查与研究中心全体人员的不懈努力！全体调研人员栉风沐雨，汇集成"中国家庭金融调查（China Household Finance Survey，CHFS）"数据库，为本研究提供了第一手研究素材。

感谢我的博士生导师尹爱田教授。您的博学，让我感受到"学无止境"的广大；您的包容，让我体会到"气有浩然"的宏远。您严谨的治学态度，一丝不苟；您宽厚的师生情份，终生难忘。特别是在我彷徨、徘徊、犹豫和放弃的时候，是您紧紧拉着我向前走。

感谢潍坊医学院的马安宁教授。是您引领我走进卫生管理和卫生政策这一广阔天地；是您不断涌现的闪光思想，像一盏盏深夜的明灯，指引着我努力的方向，照亮我前行的路。我从您的"小病社区低收费，大病住院有保险，公共卫生政府管"中，领悟到医疗改革的真谛，学习到"潍坊模式"的超前。

感谢潍坊市人社局的盛红旗教授。是您的言传身教，让我真正走进了研究的田野，熟悉了新型农村合作医疗制度；让我懂得了社会医疗保险制度，掌握了卫生经济的发展规律；更让我深深领悟到科学精神的严谨和学术研究的专注，并找到了研究和发展的领域。

还要感谢我的亲人，特别是我的爱人张惠卿、女儿马嘉聪和儿子马嘉锴，是你们给了我不竭的动力，让我勤奋耕耘、锐意进取。感恩我已故的父亲，感谢已半身不遂近20年还依然每天都坚持锻炼的母亲，感恩我已故的奶奶、外公和外婆，是你们默默的支持，让我一路前行，无所畏惧。我想要成为你们的骄傲，也将此书献给你们。

曾经，无边的黑夜包围着我，让我找不到出去的路。是真挚的亲情，给了我光明，照亮了我前行的路；是深厚的友情，为我在严冬中取暖，让我不放弃；是浓浓的爱情，给了我努力的方向，让我永远向前。

只有经历了黑夜的暗、寒冬的冷、无助的难，才知道光明的可贵、春天的温暖、挽扶的力量。

感谢所有的人。文中的每一个字，都是我的一位凛然的战士，正在整齐列队等待您的检阅，等待奔赴更加广阔的战场。

马桂峰

2021 年 5 月 19 日

智和湖畔